当数字转型遇上生成式AI

蒋荣先 著

SPM 南方传媒 | 广东经济出版社
·广州·

图书在版编目（CIP）数据

当数字转型遇上生成式 AI / 蒋荣先著. --广州：广东经济出版社，2025. 5. --ISBN 978-7-5454-9532-4

I. F279. 23

中国国家版本馆 CIP 数据核字第 2025GQ5376 号

版权登记号：19-2024-282

责任编辑：陈念庄　李　璐

责任技编：陆俊帆

责任校对：罗玉琪

当数字转型遇上生成式 AI

DANG SHUZIZHUANXING YUSHANG SHENGCHENGSHI AI

出 版 人：刘卫平

出版发行：广东经济出版社（广州市水荫路 11 号 11 ～ 12 楼）

印　　刷：佛山市迎高彩印有限公司

（佛山市顺德区陈村镇广隆工业区兴业七路 9 号）

开　　本：787mm×1092mm　1/16　　**印　　张**：13

版　　次：2025 年 5 月第 1 版　　**印　　次**：2025 年 5 月第 1 次

书　　号：ISBN 978-7-5454-9532-4　　**字　　数**：200 千字

定　　价：70. 00 元

发行电话：（020）87393830　　编辑邮箱：Joycechen17@ 126. com

部门电话：（020）38306091

如发现印装质量问题，请与本社联系，本社负责调换。

自序与致谢

一场 AI 盛宴，一个数字转型时代的契机

日前，在受邀主持一场生成式 AI 新书《AI 医疗革命：GPT4 与未来》的发布会上，我的开场词是这样的："昨天特意使用 ChatGPT 整理了三个问题来请教与会的贵宾，我使用的指令是：你是一位对智慧医疗很感兴趣的人，最想问专家哪三个问题?"当我读完 AI 提出的问题后，全场雀跃不已。

传说中的"生成式 AI"真的来了

一年前，我是这样使用 AI 语音指令操控的：每天早上七点一进入办公室，我会立刻喊数字助理 Alexa，让它朗读当天的全球新闻给我听；若是听到重要或是感兴趣的新闻时，就唤醒 Google Nest Hub 智能屏幕，请它立即播放即时的采访报道或 CNN、DW 新闻及路透社专访报道，便于快速浏览新闻的细节。

我是个典型的素人电脑科学家，最擅长的领域是人工智能（AI），能够有机会细说 AI 的一再崛起，是一件超开心的事。

近年来，AI 引领产业全面升级，正在塑造全新的产业环境及模式，同时，产业数字转型（DX）使企业重新定义商业模式、运营流程与客户体验，并进一步找到全新提升竞争力与创造营收的方式，以铺天盖地的数字化、智慧化、数字转型的形式，全面攻占企业负责人

的待办事项最前端。看似各大企业都在关注，也进行得如火如荼，但为什么还有极高比例的转型障碍？为什么很多产业知道要数字转型，却做不到？数字转型不是什么了不得的技术，但是成功之后，很多企业把它当作不传之秘，因为企业间有太多的“点破不值钱的技法”，真正愿意开诚布公、手把手地倾囊相授的寥寥无几。

我们都看得出来，企业想要留住年轻人才，就必须让数字转型的脚步更快，就得加速上云端、累积关键数据，通过发展AI/DX来实现数字转型的愿景。机会总是留给有准备的人，而AI/DX就给了企业一个机会——让本土公司可以从本地连接到海外的资源，让大家可以一起打国际化的比赛。然而，你了解的数字转型真的是数字转型吗？可能是，也可能不是。国外已有许多企业成功进行数字转型的案例，而本土尚有距离。所以，我们需要从本土企业主的心态出发，循序渐进探索适合本土企业的数字转型路径。

本书的写作主轴将以案例解析的方式进行，同时以消费者（或使用者）的需求为中心，运用目前我们可以随时上手的数字科技工具来创造新服务、新市场、新通路、新产品、新经济，这些面向包括的重点，当然就是将来产业的数字韧性。

所以数字转型成功的关键绝对不在于电脑、系统、策略，而在于人。

我有参与创立两家资讯公司的经验，指导的学生有上市公司董事长，也有非营利机构的执行长，这些经验为我日后参与产业数字转型打下了坚实的基础。

市面上不乏以国外案例撰写的数字转型书籍，但是，以国外案例来谈数字转型，对本土产业真的实用吗？见仁见智。本书是以科普的形式来传授本土企业数字转型的实务方法，涵盖了 12 个产业的本土案例分析，比较像是产业数字转型的指导手册，甚至能有让产业举一反三的可能性。本书以几个犀利的故事，逐一铺陈产业中的智能制造与数字转型服务之愿景。

我的人生梦想就是写一本人工智能与人类智慧竞合的科普书或回忆录，但现在写回忆录还太早，所以就动笔先完成这本科普书，期待与读者们分享。

由于个人学识和时间所限，书中难免存在疏漏及误谬之处，恳请广大读者不吝指正。

癸卯年夏　台风夜伏案于府城

目　　录

第 1 篇

数字转型的新大航海时代来临

第1章

AI的源起与前世今生

生成式AI有潜力去彻底改变许多像是娱乐、健康照护、金融等产业，这在过去只能由人类做到，而现在电脑正通过学习而创造出全新模式。

ChatGPT

OpenAI（2023）

Generative AI has the potential to revolutionize many industries, from entertainment to healthcare to finance, by enabling machines to create new and unique data that was previously only possible for humans to produce.

ChatGPT

OpenAI（2023）

20 世纪 50 年代，“人工智能之父”麦卡锡教授与一群年轻电脑科学家，发起并进行了为期一个月的“达特茅斯会议”，通过脑力激荡的方式想象未来电脑科技的愿景，并正式使用“人工智能”一词，从此便开始了 AI 的新纪元。

生成式 AI 风暴席卷全球

2023 年 10 月 10 日，美国洛杉矶举办了为期三天的 Adobe MAX 展示会，这是 Adobe 公司一年一度的设计创意与交流会议，令人震惊的是，“生成式 AI”的技术在产业界的应用已经到了蓄势待发的地步。会场中不只有生成式 AI 的创意与设想，更有让人叹为观止的实际用法，并且提供多样的以 AI 工具帮助设计师甚至一般大众来具象化个人创意的设计。

有了 AI，就有无限宽广的想象空间

许多展示的创意都很有趣：用手指敲几下键盘，就能以生成式 AI 自动生成一些令人赞叹的影像，三两下移除照片背景中的不相关人物；一键修改提示语，即可将修改好的新照片立即生成一段影片，令人印象深刻；在一位男士随兴向前走的影片中，大家发现这位男士穿了西装但是没有打领带，没问题，只要以互动的提示语加上指定领带的位置，生成式 AI 能立即准确无误地创作出一款领带，让这位男士更加风度翩翩、仪表堂堂，真是太神奇了；影片中一杯带有漂亮拉花的拿铁，通过生成式 AI 的帮忙，能够将这一拉花瞬间转换成几种不同的完美拉花，令人啧啧称奇。

最后是最精彩的真人展示环节，一位漂亮的模特身穿一件特殊材质的时尚连身套装，通过 Adobe 设计工具，设计师直接在她身上进行图案选定及修改，生成的图案逐一呈现在这位漂亮的模特身上，当模特行走或转身时，图案还会不断地自动更换。这意味着，将来你只需要穿一件这样的衣服，就可以依照心情或场合随时改变衣服的外观。这个展示不但博得满堂彩，也为服装设计师提供了无限的想象空间。

这就是已经让美国硅谷新创公司与创投行业快要炸锅了的主角，也宣示了生成式 AI 在产业应用的大爆发即将来临。

千万不要低估了生成式 AI 带来的这一波浪潮，它不仅在上述的设计与视觉传达产业上大放异彩，还可能全面撼动金融、电子商务、资讯产业、电影工业、教育等行业，甚至包括与我们息息相关的医疗照护产业，它不但可以协助人们快速分析大量数据，还能以惊人的速度做到大规模收集资料，自动完成指派给它的任务，同时简化工作流程，这使它成为一个无可替代的角色。

当然，最终的目的，毋庸置疑就是协助人类提高生产力水平。

“人工智能之父”的梦想即将成真

如果此刻时间向后推 10 年，读者可以想象每天会有这样的生活场景：

在初夏的一个早晨，大卫被轻音乐温柔唤醒，还没离开床，数字秘书就以语音简述今日的行程安排。进入浴室盥洗时，智能马桶已完成尿液检验及健康分析和记录工作。照镜子整理仪容时，镜子马上把大卫早晨的情绪（连同昨晚睡眠状态）等相关信息传送到家庭医生的电脑上了。瞬间，虚拟的张医生传来关切的声音，提醒大卫“早餐后记得服用 B 族维生素”。

大卫一边刷牙，一边浏览镜子上自动显示的今日工作行程，通过手势稍作修正。盥洗完毕吃早餐时，当日行程表中的会议议程及稍后要拜访的客户简报资料已经投影在墙幕上了，并配合大卫的心情播放着轻音乐。早餐后在跟孩子们聊天的同时，大卫让电脑连线远在亚洲的制造商伙伴和欧洲的营销代表，三方同步进行简单的工作进度讨论，并指示电脑修正一些投资者简报的相关数据。出门前，要去硅谷总部的行车路线图与推荐替代的交通路线也都已准备好了……

这样的概念，是不是和 OpenAI 公司提供的生成式 ChatGPT①、Apple 公司的 Siri、Google 公司的 Home 和亚马逊公司的虚拟助手软件 Alexa 等产品非常相似呢？这些产品不只让使用者可以轻松驾驭电脑，而且使用的所有资料既不在手上也不在桌上，而是存放在云端。

事实上，早在第二次世界大战刚结束的 20 世纪 50 年代，就有人

---

① ChatGPT 是由 OpenAI 公司开发的人工智能聊天机器人程序，于 2022 年 11 月 30 日推出，采用基于 GPT-3.5、GPT-4 架构的大型语言模型，并以之强化学习训练。ChatGPT 目前仍以文字方式与使用者互动，但是，除了可与人类自然对话之外，还可以用于更高阶的语言工作，包括自动生成文字、自动问答、自动摘要等多种任务。

对上述情境做出类似的预测了。做出预测的不是别人，正是人称“人工智能之父”，当时还很年轻的达特茅斯学院数学系助理教授约翰·麦卡锡（John McCarthy），他还与一群年轻电脑科学家举行了一场脑力激荡讨论会——被称为“达特茅斯会议”。这些人工智能先驱在当时预测，未来电脑科技将彻底改变人类的生活，所有的资料都可以放在人眼睛看不到的地方（现称“云端”），供人随时取用。

人工智能的缘起

关于人工智能的科幻故事很多，比如第二次世界大战期间，英军秘密以约半间房子大小的计算器意外破译德军密码系统的故事（电影《模仿游戏》的剧情便由此而来）。在令人屏息的电影情节中，我们可以充分了解英国数学家艾伦·图灵（Alan Turing）传奇的一生，以及他对现代科学的卓越贡献。

最早有关人工智能的科学文献，是图灵于 1948 年发表的作品，他相信：“终究有一天，计算机可以完全模仿人类的思维。”而这样大胆假设的基础，在于他相信人类思考的机制应该可以运用计算机来精确描述，或是以数学模式化来实现。

当然，归根结底，人类的智慧最不同于万物之处就是人与人之间的互动，而大多数人类互动的资讯传递，都是通过表情与声音，所以影像（视觉）的理解与语言（语意）的理解，一直是缺乏这类理解能力的“电脑”最难攻克的难题。

然而，正如有人说：“在 AI 的世界里，没有做不到的事，只有想象不到的事。”只要发挥想象力和创造力，相信大部分的梦想必能逐一实现，AI 的技术也必将应用于实际生活之中，并极大地改善人类的生活环境（图 1 所示为人工智能发展的缘起与历史）。

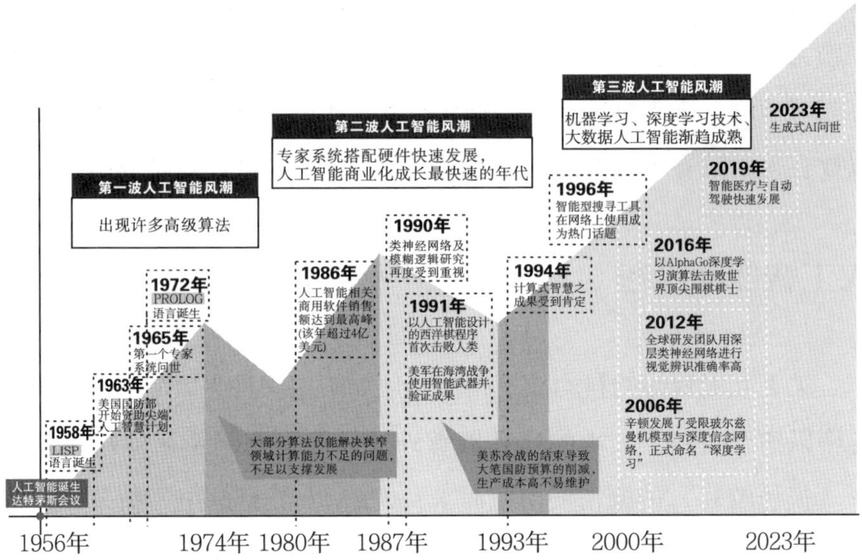

图 1　人工智能发展的缘起与历史

人工智能之父——约翰·麦卡锡

2011 年，电脑界痛失了一位先驱者——约翰·麦卡锡教授病逝于美国加州帕洛阿托家中，享年 84 岁。巧合的是，离他家不远之处，正是 Apple、Google 与 OpenAI 的总部所在，也就是设计 Siri、虚拟助手 Home 及 ChatGPT 的大本营。

麦卡锡教授是人工智能领域教父级的创始人物，一生获奖无数，为人和善，人称“约翰大叔”。我有幸于 30 年前在一场 AI 国际会议上，一睹麦卡锡教授的风采，听他发表专题演讲，印象十分深刻。会后他还勉励当时还是博士候选人的我说：“人终其一生，只要做好一件有意义的事就足够了。”言如其人，彰显着令人钦佩的大师风范。

数字科技充满无限商机

想不到在今天，富可敌国的科技巨头也不约而同地将庞大的研发经费投入健康照护产业的数字转型，期待在个性化健康照护产业领域占有一席之地，进而主导数字科技产业。

前段时间为了修复新冠疫情的重创，各国政府纷纷推出巨额经济振兴方案，除了将部分资金用于公共建设外，其余资金几乎都用在数字转型上。光是美国政府的预算就高达 2 兆美元，创下金融危机以来最大规模的纾困记录。

传说中的生成式 AI 时代终于来临了？

从 1956 年迄今共有三波人工智能风潮，而你我正身处第三波人工智能风潮时期。2016 年“阿尔法狗”（AlphaGo）击败顶尖围棋棋士，让全世界共同见证了人工智能传奇的再度崛起。2022 年底 OpenAI 正式发布 ChatGPT，在 2023 年 3 月公布更强大的 GPT-4 的大型语言模型（Large Language Model，LLM），而在 2024 年 5 月，OpenAI 揭晓了其新一代 AI 大模型 GPT-4o，生成式 AI 为各行各业带来无限的机会与挑战。

传说中的生成式 AI 时代真的终于来临了吗？答案是肯定的。

长期以来，人类始终渴望能创造出一种万能的工具，既能像人一样思考问题、处理事务，又永远不会疲惫与抱怨……人工智能，便是这一梦想催生的产物。电脑科学家经过慢慢摸索，终于找到了一条路：先模拟人类的思考过程或步骤，接着设计一系列的电脑程序，运用相同的过程或重复的步骤来解决问题。如此一来，便出现了一套既简单又具结构化的方法，来实现近似模仿人们做聪明决策的方式。

这么一个简单的观念，却实实在在地花了全人类将近 60 年的时间；从观念的发想与启蒙，到展叶开花，直到成为日常生活中的普通事物。

AI 悍将“阿尔法狗”战胜人类

在 2012 年一场国际影像辨识竞赛中，辛顿教授的团队应用的深层类神经网络辨识准确率遥遥领先于其他团队。没错，那就是现在我们熟知的“深度学习”。后来，这个概念很快就发展到各式影像分析、自然语言处理、自动翻译及机器人学习上的应用。

机器人学习的潜力确实不容小觑，早在第二波人工智能风潮时，“深蓝”电脑的人工智能就已经足以与国际象棋大师卡斯帕罗夫匹敌。2016 年，Google 旗下的英国 DeepMind 子公司开发出“阿尔法狗”深度学习演算法计算核心，自动训练出聪明推论机制与电脑围棋程序，在标准的 19×19 棋盘中，击败号称数十年内不可能被电脑超越的世界顶尖围棋棋士李世石。

这场被视为“人类与 AI 的世纪大对决”的棋局，“阿尔法狗”获胜的历史性一刻，不仅被全球数亿人通过 YouTube 的视频同时目睹，也被《科学》（*Science*）杂志推荐为该年度最伟大的一项科学突破。也就是说，那一天你我与世界上无数人共同见证了第三波人工智能风潮的威力。

6 年之后，OpenAI 在 2022 年底公布生成式 AI 的旗舰型产品 ChatGPT，其正式上线不到一周用户就突破百万，促使 OpenAI 趁热打铁，又在 2023 年 3 月公布更强大的大型语言模型 GPT-4。当生成式 AI 问世之后，一夜之间，经典的“图灵实验”变成了历史；一日之间，Google 搜寻引擎可能马上成为濒临绝种的生物。还有什么比这个改变更大？这个生成式 AI，已在短短几个月里为各行各业带来无限机会与挑战，以数字转型使企业永续生存更是不在话下，所以，如何善加运用 AI 的数字技术和创新思维来实现成功的数字转型，已是所有产业都必须面对的课题。

人工智能 vs 人类智慧 vs 生成智慧

严格来说，以 ChatGPT 为代表的生成式 AI 与其说是“人工智能”，不如说是“聪明的知识库”来得更加贴切；也就是说，就算是 ChatGPT，与真正的“智慧”也还有一段很大的差距。简而言之，若 AI 只能根据现有的资料去做可预期的动作，那就仅仅是一个具有学习能力的电脑工具而已；能够自主随性而发、灵活地应对，才称得上拥有如同人类一样的“智慧”。

随便举个例子，就能说明人类的智慧在哪里。任何一位有数十年经验的零售业或卖场的一线经理，都能够凭借过去的经验预测消费者对新商品的需求，并且掌握商品贩售后的补货量与线上线下的实际贩售数字，再结合零售商实际的销售状况和通路商的库存动向，做出正确的直觉式决策。这才是人工智能必须模仿达成的目标。

此外，面临某些突如其来的外部因素，比如大环境的改变或竞争对手突然推出相似的新商品，便到了考验人类专家价值的时候。毋庸置疑，此时就需要人类专家出马，解决 AI 最不擅长处理的突发事件。简单来说，就是 AI 在复制人类具有一致性的决策行为方面表现非常出色，并得到了社会大众的关注与掌声，但在面对全然未知的情况或全新的情境时，现今的人工智能做出的反应可能会令人有些失望。

当然，人工智能系统还是可以经由不断的学习，而达到上述目标。因此有人预测，AI 会在不久的将来逐渐出现凌驾人类专家的迹象。无论这个迹象要等多久才会出现，现在我们熟知的许多行业，都早已开始采用 AI 来完成许多烦琐且不需具备复杂专业知识的作业程序，或取代一些固定模式的工作，并进行更精细的专业分工。

未来产业上应用的生成式 AI，极有可能完全取代部分人力，把“一个人加上 AI”当作三个人来使用，尤其是大量自动化的生产线，例如汽车装配厂的自动组装、搬动或是定位零件等；或通过大数据分析，将结果运用于企业的经营与管理，例如 AI 线上客服，能以过去客服人员与客户对答的内容为基础，分析并即时上网搜寻资讯，以随时提供适当的答案，或生产新的合理答案给客户。

生成式 AI 的“智慧”，目前下结论仍然言之过早。举例来说，当 AI 写出类似真人写的文章或故事，并在许多专业知识领域快速给出清晰的回答，且迅速获得社会大众关注的同时，也推翻了之前认为 AI 不会取代人类专业知识型工作这一观点，这对文字工作者与白领阶层的冲击相当大，所幸目前专家仍一致认为，生成的“智慧”事实准确度参差不齐是 AI 的重大缺陷，因此未来基于特定意识形态的资料与模型训练所得之结果，仍需小心校正后才能信任。

人类的优势是否仍然存在？重新思考人类的价值，也许才是更重要的课题。这方面，让 AI 基于大数据分析学习人们做决定时的情景，更快速地推算出预测结果，进而让人类专家有空余的时间来拟定各种商品的贩售策略，应该是目前为止最佳的折中方案。

展望未来，真正具有创造力的生成式 AI 应该可以做更专业的工作，例如主动根据目前市场情报，预估各种商品未来一年的需求量、分析客户的喜好进而做到精准营销等。此外，依据观众不同的喜好来设定结局进而拍出电影，自动写出文章或报道，在数字转型后的服务业上辅助店长，AI 店长自己进行即时甚至超前部署的业务盘点，AI 推荐精准的菜单或应景的用餐方式……这些都是在生成式 AI 落地环境下可能出现的场景。

更严苛的使用场景——AI 落地与产业数字转型

麦肯锡公司 2023 年的研究报告显示：人工智能强化了一般制造业的效能，也进一步降低了生产与维护的成本，这是制造业与资讯业联手，经过多年努力得到的成果。这样的模式，是否可能应用于成本日益高涨的服务业的转型？答案是肯定的。

唯一的差别是前者（制造业）要求的是全面的自动化以提升产能，后者（服务业）要求的是精准预测市场而非自动化。因为不同产业上的专业分工或资料收集大相径庭，例如制造业与服务业就有很大的不同。也就是说：后者期待的是通过人工智能取代部分中阶人力，进而降低人力成本，同时维持一定的服务品质；前者期待的是领域专家与人工智能协力工作，提升生产效能与反应速度。

随着生成式 AI 的演进，将来的产业将不再是只有人力（或说人脑）的竞争，而是通过数字转型的方式实现节省大量人力，以及“一个人加 AI 可以当三个人使用”的 AI 赋能效益，也就是人机协作或人机一体（人机合体）工作，这些都是产业（不论是制造业还是服务业）目前积极研究的数字转型的主流方向。

第 2 章

百年企业存活与转型启示录

在生存竞争中，活下来的并不是最强壮的，也不是最有智慧的，而是最能适应改变的。

查尔斯·达尔文（1809—1882）

It is not the strongest of the species that survives, nor the most intelligent, but the one most responsive to change.

Charles Darwin（1809—1882）

为什么产业知道要数字转型，却做不到？

数字转型起手式

过去几年在美国工作及做研究期间，我特别喜欢看一个每周一次（却很冷门）的节目，节目名称叫作“CNN 100-Club”，我想可以翻译为“百年俱乐部”。

由 CNN 制作的这个节目，是用讲故事的方式进行讲述的纪录片，呈现出每一家创立迄今超过 100 年的企业的风华，我每个星期都会聚精会神地观看这个节目。

这个节目的宗旨，是绝不会报道那些目前市值上兆美元、金光闪闪的年轻公司，像是 Microsoft、Google 或 Apple 这些科技新贵。理由是，它们还没有经过 100 年的考验，而且无法证实新浪潮来临时它们能否转型成功，因此也就还没有资格登上这个节目。就如同节目的宗旨所揭露的：一家成功的企业不仅要会赚钱，而且要具有历经时间考验而屹立不倒的历史。

经历过无数次改变或转型的企业

主持人开始介绍当周的访问企业时，都会先解说这家公司的历史。有趣的是，翻开这些优秀企业的开创史可以发现，没有几家公司的开创者是“含着金汤匙”出生的；在公司的展示厅中，观众总会从发黄的黑白照片中，看到当年开创者筚路蓝缕的艰辛，以及坚持不懈的精神。

每一家历经百年风霜而仍存活下来的公司，不论是制造刮胡刀的公司、制造牛仔裤的公司，还是历史超过 260 年的酒庄、世界顶尖的银行或金融机构，都毫无二致地经历了战争、瘟疫、经济萧条、通货膨胀、冷战、石油危机、金融危机、全球化竞争、数字化挑战等惨痛的试炼，而并非巧合的是，最终能存活下来的这些“百年老店”，都是经历过无数次改变或转型的企业。

“转型”向来是企业经营的重要课题，近年来数字转型成为热门议题，特别是通信科技的发展与运用，例如云端运算、感测、物联网与人工智能等。

前段都转型了，中后段还在看戏？

目前，本土任何一个产业中的前段企业，平心而论，数字化的水准都已经算是 IT 科技公司等级了，为何还要数字转型呢？

问题的关键不在于前段的企业，而在于长尾效应[①]中的那些占比 80%且位于中后段的企业！

依我所见，本土中后段的企业普遍数字化程度相对不足，各类子产业、协力厂商及产品特色差异大，势必对于数字转型的理解、需求及效益有不同的见解，甚至企业未来发展方向的差异极大。

所以，本书的目的就是以本土企业典型案例，引导中小企业或厂商思维及行动的转变。更特别的是，本书要传达的是“会赚钱的 AI”的观念，对第二代或第三代接班人，即这些网络世代成长起来的未来

---

① “长尾效应”最初是用来描述诸如网站之商业模式，是指那些原来不受到重视的销量小但种类多的产品或服务，由于总量巨大，累积起来的总收益甚至超过主流产品的现象。后来这一术语也在统计学中被使用，通常可能包括主流与非主流的分布。

企业负责人，通过借鉴本土实际案例及实际引导，借由同行互相学习的影响力，特别是从同行数字转型经验中快速学习，以加速创新及转型，从解决问题与创造价值的角度切入，相信大家一起努力，就会有逐步扩散至全面数字转型的可能性。

当然，各行各业皆可融合新兴科技，改进流程运作、运营管理或顾客服务等工作。例如，面对人力成本高涨，全球制造业对自动化需求程度随之提高，借以提升生产效率，或是善用制造业累积下来的长期上下游串联经验进行跨业别合作，创造转型发展的机会。

服务业亦然，通过资料收集与分析，可提供更符合顾客需求的服务。例如，本土纺织服装产业销售已达饱和，更需积极寻求及拓展海外市场，然而多数企业面对数字转型压力时选择维持现状，不愿承担改变带来的成本与风险。因此，更需要搜集顾客数据（如颜色喜好、风格等）并善用数据，借此提高服务价值，实现以数据驱动数字转型。

其实，“不断面对改变并且战胜改变”最根本的道理，就是聪明的企业决策者深知人类好逸恶劳的根本习性：DNA 背后的基本生存法则，其实是只要求生存就可以了，并不需要不断求变求新。然而，资本市场的丛林法则却更加残酷，处处可见被打败和被淘汰的企业，剩下来的，就是等着被打败以及被淘汰的“瘦狗型”企业。

看到有自信的公司在官网上大胆地标示“一直被同行模仿，但从未被超越”，说明了同行间不断竞争的事实。只有每天战斗，抛弃旧有的习性，不断改变公司上下的旧文化，不断提高生产效率、提高员工工作绩效，最终提高产品商业价值，使企业永续经营，企业才能真正存活下来。

在大部分 CNN 100-Club 报道的纪录片结尾，主持人在对话企业的第 N 代接班人或专业经理人时，我总会听他们提到“面对这个时代的数字转型任务，公司早已信心满满地迎接挑战了”，不仅如此，这些百年企业甚至早就在准备应对下一个改变了。

当然，也唯有如此，才能让这些百年企业可以成功地迈向下一个一百年。

问题来时，机会也来了

新冠疫情虽然给企业带来诸多挑战，却也是企业启动数字转型的绝佳时刻。

百年一见新冠疫情带来的数字商机

先看制造业。新冠疫情使得全球供应链断裂，加上生产线员工相互传染的可能性，以致工厂为符合法令不得不增加人员工作间距，生产效能大幅降低，人力招聘困难，企业面临停工、停产的难题。

而在疫情过后，情况也好不到哪里去：工厂必须重启生产线，但人员却无法一次到位，机器设备的稼动率在短时间内无法快速回升，这些难题，都对制造业的运营造成冲击。

但同步发生的另一个令人无法相信的机会，是在个人的工作与习性上、消费与购物上及资讯与沟通方式上的大幅改变。这些因素，如滚雪球般地放大了“数字商机”。

我们观察到企业如何应对工作形态上结构的变化，以制造业为例，许多制造业的子产业都面临“在家上班”的重要议题，趋向以低接触经济为利基，加上“无距离创新”的考量，企业进一步配合全渠道营销并以此为后盾，策略上是，通过高度自动化及智能化生产方式，降低制造总成本及突破创新应用，为产业升级而进行数字转型，从而大大提升企业运营韧性。

这一系列的低接触式生产制造模式，除了可能在转换期间带来不适应的阵痛外，也让投资人调整了做法，像过去生产线上的自动监控与自动瑕疵检测，一直以来都不是投资人最先关注的。新冠疫情时代的数字转型，间接加快了对人力和自动化占比进行调整的速度。

更令人震惊的是，自 2023 年起，国际上几乎所有的前段产业都喊出“服务全面 AI 化”，也为了顺应自动化生产易于快速部署的特点，许多国家开始强调在地制造，除了间接提高了在地就业的经济成效，由于智能化生产降低了总制造成本，也在降低原物料运输成本与节能减排上创造了新的示范机会与模式。

在企业打造足够韧性这个议题上，则因为数字工具带来了生产与运营的透明化，加上在地部署让供应链变得更有弹性，整体的能量得以提升，从而推进了产业数字转型升级的趋势。

紧跟其后的是“生成式 AI 革命”！

AI 来得又急又快，正在全方位地影响着我们的生活。

过去在本土产业界成功落地并应用，以识别或判断决策为主的“分析式 AI 应用”已经迎来了最新的“生成式 AI 应用”，同时也在一夕之间被社会大众广泛关注。也就是说，过去的 AI 只能用在某个狭窄的领域内，但生成式 AI 能替代人工服务，并带有创造能力，且任何人都能在日常生活中应用。

举一个比较有画面感的例子，当在电脑输入“我要找一件适合 5 月台北天气的户外婚礼礼服，而且是有韩风流行色的心机辣洋装，2 天内送达”之后，浏览器马上跳出视窗的是一张摘要小卡，不但列出 5 月台北天气，还有适合该天气的服装材质，加上一个个达标的礼服产品图与链接，一次性满足你的提问要求。

这是 Google 最新公开的生成式 AI 搜寻体验，还预告不久后将落地普及，用更直接的方式提供搜寻资讯给使用者。大家也都在期待，这个生成式 AI 将改变所有使用者的使用模式，也会增加消费过程中的需求，直接点说，就是后面铺满了商机。在这个生成式 AI 背后运作的大型语言模型中，所谓的“语言”指的不只是文字，还包括其他能和外界沟通与理解信息的所有方式，也就是说，生成式 AI 要处理的其实是人类如何对外沟通并有效理解各种信息的关系。

以目前的生成式 AI 为例，它已经可以完全依照人类的要求，产生一篇新的文章、创造出一张没有人看过的图像、自动合成难以分辨真假的人声、总结出一整个系列的杂志读后心得；可以协助一位白领在电脑上生成企划文案、写致谢电子邮件、写电脑程序、绘画草图、制作动画、制作网页……

所以，说它是个“替人类工作的副驾驶”确实不为过。ChatGPT 像是一位全力支持我们的“得道高僧”般的好友——既能回答问题、设计充满创意的企划，也能像朋友一样给我们安慰。

当大部分的公司都还在应对爆红的生成式 AI 带来的改变时，有一些动作比较快的科技公司已经开始思考要如何活用 ChatGPT，包括如何把它带上数字转型的快车，向前冲刺。从时尚设计师用它快速设计成百上千款不同的流行穿搭，到服务业的虚拟 KOL（关键意见领袖）迅速产生营销素材及预测客户购买行为，都可以让我们确认一件事，就是所有人都可以从生成式 AI 中获得许多以前想象不到的好处。

ChatGPT、GPT-4 掀起浪潮之后，每家科技大厂谈论的焦点都是 AI；想象一下，过去五年中，这些不同的垂直产业就已经每天默默搜集了数以 TeraBytes（TB）或是 PetaBytes（PB）计的真实数据了，不管是存放在云端，或是私有云内，生成式 AI 的从天而降就如同阿拉丁神灯中的精灵，来帮助企业分析、解读甚至关联资料。更令人赞叹的是，生成式 AI 还能分析到极其细微的结果，然后一五一十地告诉企业；而且，生成式 AI 用的还是人类能够理解的语言呢。

生成式 AI 在企业上有很多实际应用，例如将客服系统升级，回答并摘要客户服务的通话，草拟电子邮件，甚至自动摘要会议记录等。此外，在生成式 AI 被广泛应用之后，有些企业开始思考积极使用 ChatGPT 草拟合约、法律文件、预估定价、举办营销沟通会议、自动撰写及回复电子邮件等，这会使得人力与专业技术服务的成本大幅下降，当然，这也是令人期待的改变。用简单的话说，10 年后各个产业的工作者都会把生成式 AI 及相关工具的使用视为理所当然，熟练使用生成式 AI 工具工作者的能力会越来越强大；没有妥善使用生成式 AI 工具的工作者，能力自然会变得相对越来越弱。

第3章

你了解的数字转型，真的是数字转型吗？

当企业的数字转型正确完成之后，企业就能从原来的一只毛毛虫羽化成美丽的蝴蝶；但是如果企业的数字转型错误的话，原来的一只毛毛虫就只是一只非常快的毛毛虫。

乔治·韦斯特曼

麻省理工学院斯隆管理学院

When digital transformation is done right, it's like a caterpillar turning into a butterfly, but when done wrong, all you have is a really fast caterpillar.

George Westerman

MIT Sloan School of Management

数字转型的真功夫

为什么先从人工智能开始介绍，然后才说数字转型，而不是从数字转型开始，然后谈论人工智能呢？

数字转型的关键不在电脑、系统、策略，而在人

这个问题的答案，其实和传统产业老板们的保守心态有密切的关系。传统上，老板们都会精打细算地投资，而且想很快就有回报，一听到要以数字转型当作获利敲门砖时，通常老板们会这么想：这只不过是把原来手工抄写的记录转换成用电脑记录罢了；但手工抄写搞错的概率不大，而且真正有价值的资讯都在我脑袋里。

所以老板们往往都会先观望一阵子，反正急的是别人，我又不急，先等别人试试看，真有成果我再认真考虑。

当然，这一观望就错过了领先起跑的好时机，不是数字化构想就此胎死腹中，就是撒下的种子永远不会萌芽，错过了转型的好机会。几年之后，老板自己年纪大了，准备让第二代接班，第二代的小老板刚好是在数字时代长大的，数字转型的接受度自然高得多，所以当公司管理者建议小老板奋起直追时，比较容易让他接受数字转型的大格局改变；而这时候同行之间口耳相传的已经是听起来很神奇的 AI 了，不是新闻常常报道人工智能有了什么惊人的突破，就是同行用 AI 工具做了哪些正确的分析和决策，成本大幅降低，良率也提高了；直到此时，这家公司才会真正下定决心，大手笔投资数字转型。

归根结底，并不是数字转型和生成式 AI 哪个比较重要，需要优

先考量，而是生成式 AI 犹如黑夜中的一串烟火，比数字转型的理论更能吸引决策者的目光。虽然目前的 AI 其实还只是一个阶段性的成果，但可以“秀”给老板看，就像打棒球一样，AI 即使只击出了一垒安打年轻的老板却一看就知道，只要再接再厉，继续击出一支又一支安打，就一定能得分，领先（或者追上）对手。也就是说，AI 的出现，让数字转型有了更能说服老板们的吸引力。

做 AI，就要做“会赚钱的 AI”

我常遇到这样的案例，比如当顾问跟啤酒厂老板说“第一期要花 500 万元新台币做好所有的生产管理转型”（我其实不认同这种猛爆式的投资），准备导入全新的进销存管理系统，以取代人工纸本记录方式来管理原物料及仓储时，老板听完总是摇头，回他一句“暂时没有这个意愿”。如果这个时候顾问换个讲法，建议老板花 100 万元新台币导入和某一家竞争对手一样的 AI 发酵监测系统，这样就可以利用感测器即时监测收集手工啤酒的关键制程资讯，掌握大麦发酵程度，立刻提升批次制程品质稳定性（比如预估至少可以让精品啤酒的良率提升 5%），我想老板一定更容易埋单。

当然，后面还得陆续分批添购数字转型设备，像是让生产与感官品评资料上公有云，以统计不同精品啤酒之间大量的受试者测试数据，提升生产线运转效率，加起来也许花费超过 500 万元新台币，但是这样一来，因为数字转型和新建 B2C（企业对消费者）客源的缘故，也会造成营收大幅增长，老板必定觉得他是把钱花在了刀刃上。因此，这也就成了我常常跟业界管理者提到的概念：做 AI，就要做“会赚钱的 AI”。

遥不可及的梦想已经变得唾手可得

人工智能再度崛起与成功落地，驱使产业纷纷进行数字转型，加上以消费者为中心的服务生态系统重整，催生了全新的智慧制造与服务产业链。这些科技产业打着 AI 的旗号加入竞赛，使得几乎所有产业都产生了翻天覆地的变化，所以不得不说，我们已经正式进入 AI 时代了！

曾经全自动化制造与服务一度被认为是遥不可及的梦想，现在已经唾手可得了。不仅如此，实现人工智能的各项信息科技的软件技术也正在加速发展及逐渐成熟中。例如，开发一个能让数十万人同时连线使用的演唱会抢票平台或手机 App 已经越来越容易，甚至拥有超大量如 TeraBytes（TB）级的资料处理能力。

所以，当全世界主要科技强国已经将 AI 视为极具价值的投资，并针对 AI 的技术研发、人才培育及产业转型需求陆续提出政策措施并投入可观资源的同时，如果本土的产业也能搭上这一波顺风车进行数字转型的话，产业 AI 化的理想就将逐步实现了。

数字转型的第一要务：全面革新企业文化

众所周知，数字转型的实质意义就在于企业重新定义商业模式、运营流程与客户体验，并且进一步找到提升竞争力与创造营收的方法。

然而，当企业普遍掌握部分数字化工具时，就有了把小东西做大的能力（从“点”到“线”），甚至把小产品做到一系列不可或缺的产品线的能力。

目前，这些企业缺乏的一项关键能力，就是自创一个有故事、有背景的价值主张，也就是以一个“面”或一张“网”的方式抓住顾客的能力。只有具备这项能力，才能让集团或事业群里的员工真正把具有潜力，只是还不见成效的构想做到够完整，甚至敢于破坏企业的部分现有价值，这才是真正的在数字转型浪潮中的企业创新。

过去台湾地区所谓“隐形冠军”的第一代“黑手”（指机械、加工等传统工艺的技术工人）创办人常说，他们是带着两个塞满产品及型录的超大皮箱搭经济舱飞越半个世界“逐展会而居”的游牧族。然而，到了第二代或第三代接班人掌权时，旧有的优势往往蒙蔽了危机感，他们以为在原来的商业模式上聚集更多资金来提高产量就是王道，至少财务报表看起来还是相当诱人，故步自封的后果，就是等到竞争对手“兵临城下”时，才突然意识到危机已经来临了。

其实，危机可能早就来敲过两三次门了，只是守旧的企业文化听不到敲门声，也就无法及时反应。所以，数字转型的第一要务就是必须全面革新企业文化，由大老板带头，居安思危，建立一个能迅速应变的企业环境与文化。

优质服务让顾客埋单

当然，紧接着数字转型之后的重要工作，显然就是结合数字科技和现有运营模式，从运营流程、价值主张及顾客体验等环节做好规划工作。

以制造业为例，过去的顾客想买的是“便宜且优质”的产品，现在的顾客则会买“有故事且来自优质品牌”的产品；至于服务业，过去的顾客同样会掏钱买“便宜且优质”的服务，但现在的顾客想要买的，已经变成“有愿景、有环境使命感”的优质体验服务。原因无他，就是“顾客体验”会使产品或服务自动升级，让使用者觉得他与你（创造出来的）的使命感有了连接——这个连接，也就是所谓的“买故事”情结。如此一来，就会变成顾客发自内心地埋单。

不幸的是，当你在 Google 输入关键词“数字转型”或“数字转型案例分析”时，眼下你只会搜索到一篇接一篇的理论性文章，以及一个又一个的国外案例，内容更是乏味到让人呵欠连连。

根据我的实际经验，产业不同，数字转型的模式也就大异其趣；即使是同一产业，也会有不一样的转型模式。

数字转型三个阶段

信息科技是一个现代化国家“开疆拓土”的手段。

信息科技早就快速重塑了企业、机构、组织及其服务，新兴的人工智能，当然也在翻转企业的经营模式。虽然数字转型可能因不同产业而有所不同，但大部分的产业界人士都认同，就所期待达成的目标而言，数字转型可大致分为三个阶段。第一阶段，是对企业而言最基本的电子化、数字化。以制造业为例，主要是通过数字能力或工具的导入来改善产品制造流程，从而提升企业整体运营效率，实现“降”成本或“增”效率的生产转型或产品转型。

到了第二阶段，就要进一步善用科技手段，在产品核心本质不变的前提下，提供给顾客有别于以往的产品或服务模式，例如运用数据分析技术来提升产品品质，或实现差异化产品开发，即关系再造的“顾客体验”服务转型，只要品质优良，过去的顾客就会埋单，而现在的顾客想要的却是“有故事且来自优质品牌”的产品。

最受到广泛讨论却也最有挑战性的，则是通过新产品或新服务模式，布局开拓新市场、赚新钱，亦即第三阶段的价值延伸（或说“商业模式再造”）——在既有销售产品或服务的基础上进一步延伸出新产品或新服务，借此创造新的“附加值”获利空间。

这个新创价值的能力，如果以我们常听说的故事来解释，道理超级简单：好吃的茶叶蛋只能卖 5 元新台币，用家传秘方制作的好吃的茶叶蛋可以卖 10 元新台币，用明代宫廷秘方制作的好吃的茶叶蛋则可以卖到 20 元新台币。

说得更细致一点，将这个茶叶蛋被“加衔”的故事换成其他的产业，就可以变成产品详细的生产履历，比如产品是由返乡青农亲自设计的，或是这个产品是通过低碳运输完成的，当然更可能是这项服务是以环境友好的再生能源建构完成等，这样一来，想象的空间就很大了。

口语版的数字转型，就是以数字工具协助有经验的决策者（老板）汲取他们头脑里累积了二三十年的经验，放进一个全新的未来场景中模拟或试验，反复更改测试条件并进行验证，以老板有经验的眼光来判断是否合理，要是老板觉得合理或风险可以降到最低，再提供给企业作为完整决策的依据。

记录数字化——摆脱“记得少、忘得多”的人类宿命

不久前，人类还只能通过纸本来记载没办法存入大脑的东西，但随着科技发展，我们就连日常生活中的点点滴滴，都可以使用越来越

即时的形式进行记录，例如 Facebook、Google 小工具、Instagram、博客……

通过数字科技，你我便可记录生活的点点滴滴，甚至可以轻易回溯多年前值得怀念的每一个瞬间。

至于职场，很早以前就是数字化的世界了。业务人员处理的每日订单，现场工作人员处理的机器设备记录，品管人员处理的检验记录，生管人员处理的原物料供应及预估记录，甚至员工的经验数据等，不胜枚举。可以说，有了数字化工具，就不用浪费大脑里珍贵的记忆容量了。

贝多芬也参与了数字时代?

古典音乐的世界里，江湖上有一个关于数字化音乐的传说：20 世纪 70 年代末的 CD，是由 Philips 公司和 SONY 公司联手开发的，在规格制定阶段，Philips 公司提出的规格是时间长度为一个小时，因为人类的耐心大约是一个小时。例如我们从小到大、从过去到现在，每上一节课都是 50 分钟，就可以看出人们“最大公约数”在哪里。但是，据说当年 SONY 副社长大贺典雄坚持 CD 时间长度必须达到“74 分钟以上”，因为这样“才能完整收录贝多芬第九交响曲”。当然，任何交响曲的录音都会因指挥家而有时间长短差异，贝多芬第九交响曲的演奏平均需要约 66 分钟的时间，已经超过了 Philips 公司设定的一个小时，要是以最长的版本，据说是德国指挥家威尔海姆·富特文格勒（Wilhelm Furtwängler）1951 年的作品为目标，就真的需要 74 分钟了。最终，Philips 公司被大贺典雄说服，CD 规格就制定为能容纳 74 分 42 秒音乐时长的光碟。

数字化发展的启动已迫在眉睫

未来，所有如今被完整记录下来的资料都将成为另一个虚拟世界的“职场”，仿佛镜子中倒映的工厂或办公室，有一个更通俗的名字叫作“数字孪生”或“数字分身”。这些资料不仅能被永久保存，同时将有机会受到后来者或未能及时参与者的青睐，成为深入了解或优化一个制程、一项作业、一款服务的重要基础资讯。

如果再搭配近期备受瞩目的物联网装置，那么，除了可即时记录机器设备生产活动、监控环境条件之外，还可应用在生产管理及特殊目的上，如记录不同生产阶段数据，以及完善备料管理，甚至还可以随时线上追踪成品状态和评估其他互动任务的可行性。

实际上，由于绝大多数的中小企业目前数字化程度与能力都还有待提升，像是传统企业仍有一定比例的资料是纸本形式，中小企业的厂商在订单、生产及出货等方面仍以人工登记整理方式为主，数字化发展的启动已迫在眉睫，所以，第一阶段应以加速人工整理及简易分析应用为数字转型的阶段性目标，业务人员能够以一般人最熟悉的 Line 传递并即时汇总当日或当月订单，就算跨出第一步了。

你家的 ERP 系统，有真正在公司全面落地吗？

本土企业在初创阶段，生产上往往便宜行事，自然普遍存在手写记录，或者即使自动化设备有自动监测结果，但过去 10 年的数据从未真正用于分析应用，这种情况比比皆是。

另外，产品端的产品关键制程与新产品开发过度依赖员工经验，技术传承容易出现断层，且产品标准与风格不易扣合随时变化的消

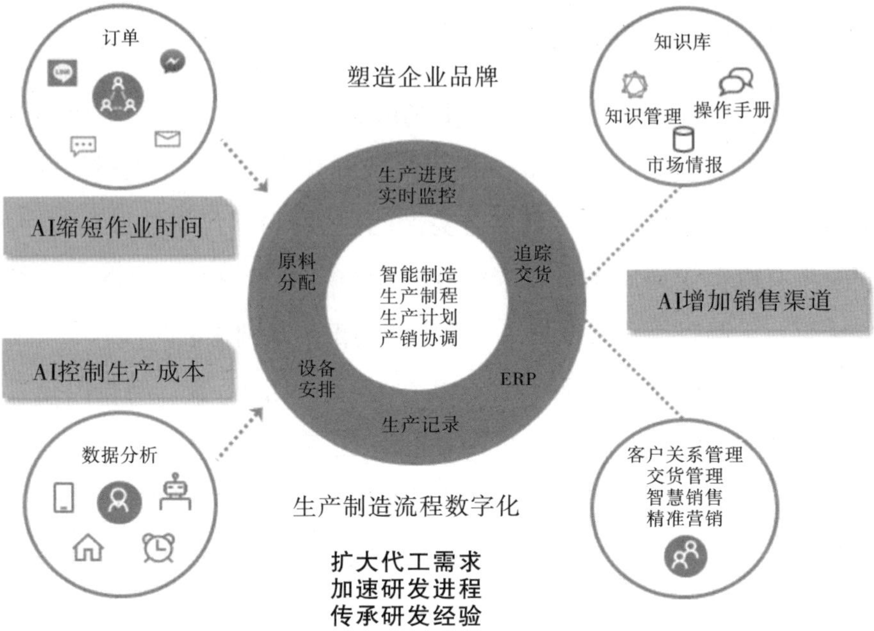

图 2　制造业产业数字转型需求

费趋势，甚至顾客服务端仍以代理营销为主，这样一来，就限制了更广大市场的外销拓展 B2C 或 B2B2C（企业对企业对消费者）的机会（图 2 所示为制造业产业数字转型需求）。

目前，本土中小企业导入数字运营系统的普遍概况是仍以使用初阶版易于上手的国产企业资源规划（ERP）系统为主，主要应用范围仍局限于财务与成本相关管理，这样的目标，就难有将 ERP 系统真正落地在公司内部全面使用的理由，也可能使用不久之后很快就发现被不同模组限制了；紧接着产生的问题，就是企业入口网站在建置进销存系统的同步记录等时，容易导致不同部门之间衔接不畅的问题。

重塑企业竞争力，才有活路

在产品营销方面，采用“线上+线下”销售方式的企业较多，采用纯线上销售的企业占比不高，也有不少企业仍只有线下销售（包括自有店面、经销商、代理商等）；能够在营销端收集交易相关记录、顾客资料、顾客喜好及互动记录等，是服务业产业未来数字化或数字优化的阶段性目标（如图 3）。

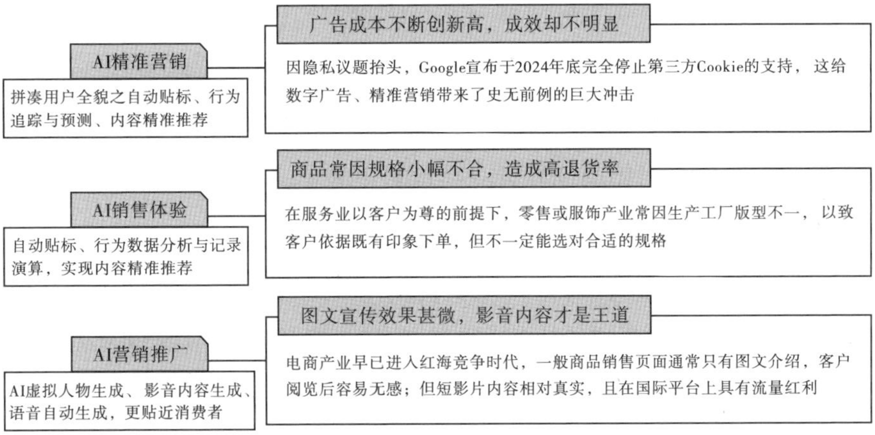

图 3　服务业产业数字转型需求

转型是指企业长期经营方向、运营模式的整体性改变，通过科技手段来重新塑造企业的竞争优势，虽不是什么了不得的过程，却也不是找来一两个顾问，就可以在一夕之间立即完成的，而是需经过多年运营、生产等经验的长期积累才可能转型成功。

促使产业加速数字转型的关键

对全世界大部分企业而言，疫情发生时的 2020 年应是数字转型的关键年，各种产业为了存活，只能寻求“被数字化”，紧接着“被AI 化”。为了实现 AI 产业化，科技公司首先需推出少量关键的 AI 产品，因为其注重深度，达成目标相对容易。然而，若要真正做到产业AI 化，则必须针对不同产业需求创造多样化的产品，这需要强调广度，难度相对较高。

因为疫情从封城到零接触，服务业先是嗅到了大家不论是工作还是吃喝玩乐都在“家”解决的商机，所以线上服务势必是转型的重点；然后，各行业更留意到当大众上网的时间拉长之后，能够提供 24 小时线上服务的业者将会因此获利，所以金融业为此拥抱金融科技，银行要提供 24 小时服务，制造业为迈向低碳的关灯生产与智慧制造，必须快速优化制程和提高产能，以提升工厂自动化的程度，这也是促使产业加速数字转型的关键。

在今天这个速度与规模决定一切的数字时代中，能成功运用数据分析，拥有既能应对挑战又能展望未来的数字转型愿景显得至关重要。

“AI 大航海时代”来临了

当年的大航海时代，只要你拥有罗盘、航海术与一条船，就意味着有发现地球上一块全新领土的机会，而现代百家争鸣的“AI 大航海时代”，产业机会在哪里？

2018 年 4 月某一天，春寒料峭的纽约街头一早就起了一阵骚动，因为《纽约时报》头条报道：旧金山一家 AI 非营利研究机构 OpenAI 支付年薪 190 万美元给该机构年仅 30 岁的 AI 工程师兼共同创办人伊尔亚·苏茨克维（Ilya Sutskever）。

注重隐私的美国，其实平时不会轻易揭露个人的薪资，不巧当时正值美国公司及个人的报税季节，眼尖的记者就从申报的税单里搜寻到了：相对于许多纽约的金融从业者，甚至是硅谷当红的新创公司高管，苏茨克维的薪资都高得多。也难怪，这个新闻不仅震撼了美国东西两岸的高科技企业，也等于正式宣告，AI 专家已成为新创公司眼中的当红炸子鸡。事实证明，苏茨克维就任不到五年就让 OpenAI 以 ChatGPT（和后续的 GPT-4）爆红，一点也没有辜负他的天价年薪。

能出海，才有机会发现新领地

AI 浪潮来袭，人工智能已成为驱动高科技公司获利的主要技术，然而这方面的专家始终不足，全球所有人才市场调查报告都已指出，AI 产业缺乏足量的人才。因此，在政府的支持下，各大学都已规划用最短的时间培养最多的 AI 工程师，以扎实的软件与演算法训练融入传统或新的产业应用，来回应产业界殷切的人才需求，利用 AI 产业的转机迈向枢纽经济。

15 世纪改写全球版图的大航海时代，在成熟的航海技术支持下，欧洲各国的船队纷纷航行于无边的大海，探索新航线，当时未能搭上这一波浪潮探索世界的国家，就注定了在接下来的数个世纪中成为“失落的国家”。所以，在发展 AI 战略的此时此刻，就应有关键性的思维与做法。

早在 20 世纪 60 年代，AI 的可行性便被确立了，只是当时缺乏计算能力与充足的资料，AI 的发展才会乏善可陈。简单地说，AI 就是电脑科学家先模拟人类的思考过程，接着设计电脑程序来模拟，如此一来，就提供了一套以电脑做决策的简单方法；接下来的 20 年间，AI 专家又发展出利用少量已知答案的样本，通过演算法[①]的方式自动学习（又称作“机器学习”[②]），由此而预测未知的样本，更贴近人类的决策模式。通过这些不断向上累积的机器学习技术，年复一年，才奠定了今日 AI 的基础。

这些聪明的判断与决策技术，虽然仍难以达到科幻电影演绎的那样拥有真正的情感、意识和自我认知的状态，但以挟带累积多年的各行各业大数据资料库的 AI 技术来说，解决先前产业界无法突破的瓶颈已绰绰有余。就像当年的大航海时代，当你拥有了罗盘、航海术与一条船，就意味着你可能拥有为国家发现一块新领土的机会，这就是以 AI 技术延伸数字疆土的手段。

服务业的大航海时代

首先，我们以服务业为例来说明。

服务业是一种可轻易延伸成数十种共享经济模式（如交通共享经济、餐饮共享经济、宅经济等），以及扩展为数百种以 AI 导入实

---

① 在数学和电脑科学中，实现任何一系列定义清楚的可计算步骤或指令，都称为演算法。演算法常用于计算、资料处理或自动推理，能从一个初始状态或输入开始，经过一系列清晰定义的状态，最终产生输出，并停止于一个终止状态。例如，计算两个数字的最大公约数，就可以设计一个演算法让电脑瞬间计算完成。

② “机器学习”的理论，主要来自设计和分析一些让电脑可以自动学习的演算法。“机器学习演算法”则是从资料中自动分析以获得规律，并利用规律对未知资料进行预测的演算法。机器学习已被广泛应用于如搜索引擎、医学诊断、股票市场分析和机器人等领域。

现资料生态经济化（如共享汽车、美食与餐饮外送平台、网购平台快递到家等）的产业。

举例来说，优步（Uber）或来福车（Lyft）是现在美国最热门的交通共享经济模式，UberEats 与 Foodpanda 目前是台湾地区最大的两家即时外送、包含美食和生鲜杂货等的外送平台。通过 AI 的演算法，消费者就能在短时间内享受便利的呼叫搭乘与外送服务。平台的背后，充满了使用 AI 技术来突破的创新点子，目的是让人只要轻触屏幕或手机按钮便能实现搭乘与外送服务；通过软件技术及聪明的演算法，这些服务很快就能在世界各地接近 1000 个城市里以破坏式创新占有一席之地。

简言之，通过 AI 计算配对各个分散的乘客地点，突破人与空间的多重限制，进而以最佳的方式推荐附近道路上的汽车驾驶员（请留意，是“人”而不是“车”）给想要乘车到某特定地点的乘客，然后经由乘客的选择与确认就可以成交，短短数秒钟便解决了一个运输需求。乘客经由预设信用卡付款，也规避了携带现金的风险，驾驶员也规避了收取现金的风险，事后乘客与驾驶员还可以通过相互评价，让公司知道彼此的满意程度，管理者当然也就能通过行程评分免费得知乘客的使用体验。

利用一连串的 AI 软件技术，这个新形态的服务就这么串联起了“人与人”的社群网络。管理者往往还会同时进行优秀驾驶员的票选，驾驶员推荐乘客或乘客推荐驾驶员甚至都能获得现金奖励。最后产生企业版的叫车或不同汽车等级的服务营销彻底颠覆了过去计程车所能提供的单向式服务。听起来似乎很复杂，但背后支撑的技术全是简单的数学模型，正确搭配 AI 演算法便可以轻易实现。

我不久前在美国旧金山湾区搭乘优步及体验 Waymo 全自驾叫车服务的经验，就足以说明，这种类型的共享经济其实已经演化成为多个复杂的资料生态系统。

例如，从过去一个人搭车发展到提倡多人共乘的观念，乘客不但获得了优步提倡节能减排的概念，而且还可以选择在家门口等车与他人共乘或走几步到会面点搭共乘车（类似公共汽车）——两者价格完全不同。

以价格为诱因，运用演算法配合电子地图，计算出需要步行的距离，鼓励乘客步行一段距离和另外一组人共同搭乘，既保障了住家隐私，也比车子到自家门口接送更便宜。

计价方式完全依据电脑计算到达目的地的距离、等待时间、当下有多少人搭乘、有多少车辆可以提供服务以及在到达目的地前要停多少站来决定。优步的成功之处在于视驾驶员与乘客为伙伴关系，也就是我们前面提到的顾客体验——利用 AI 技术推荐多种选择，最后让乘客自己做决定。

更有趣的是，优步还导入了“分散乘车”的时间概念，因此清晨与离峰时间车资相当便宜。根据我的经验，例如白天上班时间我在硅谷的两家科技公司之间多次往返，单程约 2.5 公里，预测到达时间不但非常精准，而且车资不到 4.3 美元，与过去预约昂贵的计程车，既姗姗来迟，乘客再不情愿也得给小费，简直有天壤之别。

搭乘几次后发现，深夜与我共乘的互不相识的女性乘客，早在到达目的地前就放心呼呼大睡了，驾驶员除了会在抵达时叫醒乘客，还会善意提醒其不要将皮包、手机遗忘在车上。当然在与他人共乘时，也可能电脑计算后，在尽量不影响先上车乘客抵达目的地的时间的前提下，推荐司机顺路搭载新乘客，以增加司机的收入。优步这种刻意把“饼”做得更大，然后通过电脑计算来平衡或动态降低车资的做法，就是前面提到的导入 AI 技术，实现越来越简单但是很有创意的数百种应用之一。

金融业的大航海时代

第二个代表性产业是金融业。金融科技结合网络平民化的趋势后，产生了电子金融，冲击银行的生态及各国财政部门。

因为经济成长迅速，中国登上了国际金融科技大国的宝座；美国则因为传统金融活动热络，所以早已通过新创公司直接移植硅谷的 AI 软件技术到华尔街金融界。不过，由于金融服务领域涉及政府金融管理法规，AI 的发展相对服务业较为缓慢；但传统金融业受到新技术的冲击，以致临柜需求降低，一般银行人力缩编、部分工作转由 AI 科技取代的基本趋势不会改变，包括电商的线上支付、社群网络数据分析之个人征信、专门提供给年轻人的分期购物微型贷款、大数据风险管控、网络财务保险、网络信用评分与线上借贷等，以及生成式 AI 技术应用于个人信贷评价、风险评估报告、客户自动评级，甚至交叉比对外部资料以评估产业整体景气度等工作。

总的来说，世界各国对于个资保护的法规严谨程度不尽相同，加上欧盟发布的《通用数据保护条例》（GDPR），以致欧美国家和地区的金融科技虽然活络，但扩张相较于中国难上许多。

制造业的大航海时代

最后要谈的，是制造业。

多年来的中美贸易摩擦，加上疫情期间供应链的时连时断，让部分国家和地区经济受损；然而“智能制造”（或称“工业4.0”）的风潮已席卷全球，无论是享誉国际的中型企业，还是许多撑起台湾地区经济的重要支柱 MIT（台湾制造）隐形冠军产业，面对全球大环境瞬息万变的趋势，早已纷纷运用虚实整合系统，导入云端技术、大数据、物联网、智慧机器人等 AI 技术，迈向智能制造之列。

这方面，产业 AI 化是其中一个可能切入的方向，让各行各业拥抱 AI 来提升产业竞争力，例如制造业靠 AI 发展智慧工厂、电商靠 AI 展开个性化营销或 B2C 等。随着产业形成众多 AI 需求后，就有可能逐渐形成 AI 产业，当然也可能出现以 AI 为主要产品与服务的公司，让台湾地区开始进入 AI 产业化的发展。

另一个可能的方向则是政府机构的数字转型。台湾当局导入数字科技的脚步，在国际上已经很快了，但在数字转型上却不得其门而入。2022 年成立的数字发展主管部给予了启示：台湾当局也可以模仿企业导入数字转型，用 AI 技术来提升服务民众的效率，尤其台湾当局大力推行数字转型后，也能进一步驱动产业的数字发展。

欧美等人力成本高的国家和地区就更不用说了，全都憧憬着让传统制造业转型为工业 4.0，所以在创投公司的领路下，不到两年时间，美国旧金山和硅谷一带的 AI 新创公司就由谨慎评估到拥抱 AI 产业，口号是：“AI 产业化+产业 AI 化”。

它们认为，只要 AI 接地气了就能成功，所以在主流创投资金的协助下，最近半年如雨后春笋般成立了新创公司办公室；像 500 多年前大航海时代来临时一般，每一位探险家都拥有一条船了，争相协助将传统产业 AI 化。这些年轻的公司资本额不高，但对于将美国传统产业 AI 化信心满满，像是斯坦福大学吴恩达教授从百度公司辞职后，就在旧金山湾区成立了 Deeplearning. AI 及 Landing. AI 公司。此外，像 Sight Machine、Noodle. AI 这几家公司的创办人，也都曾经在跨国公司如 GE 或 IBM 工作多年，现在则全方位投入以 AI 改造美国传统产业的行列。

传统制造业的 AI 化也许不如服务业或金融业那样容易上手，但以我和几家公司交流的经验来看，前景似乎相当乐观，AI 从业者都以势在必得之姿在各类制造业上争锋。以某家 AI 公司辅导位于阿肯色州、年营收额 13 亿美元的 BRS 钢铁公司为例，这家 AI 公司一举将该公司提升为号称“世界首家人工智能钢铁厂”；包括市场与物流营销管理、制程及性能最佳化、能源管理及工程部门的 AI 自动化等，设计全面 AI 化的工作场域，协助将机器导入设备联网，以机器人整合智能机器及其他厂务设备，运用机联网让设备间互相搭配及协作，通过数据搜集及监控系统，进行诸如资讯监视、异常工作警报、设备维管、昂贵机组寿命管理等工作，同时结合既有企业资源规划系统进行数字资源规划；在产品资料管理系统上，以先进制程控制软件同步生产指令、物料资讯、生产资讯、设备资讯，让数据分析透明化与 AI 化，并把过去依赖人工作业的流程转换成自动化生产管理，即时线上追踪生产状况。这也难怪，几年前我在访问 BRS 钢铁公司时，他们形容自己的炼钢炉和重型设备“好像一台 AI 自驾车”，虽然转型后上路第一天无法自行导航，但经过多次学习后，AI 演算法会自动协助员工实现制程上的最佳决策。

气候数字化，农民也 AI

台湾地区的本土产业也不遑多让。随着大型语言模型的导入，在生成式 AI 的加持下，许多本土产业正在快速从事各式 AI 创新。举个例子，农业生成式 AI 技术可以协助农民进行种植风险预测与治理。

例如，农友们感兴趣的是农渔业气象，生成式 AI 可以以指定地点外加种植的农作物为需求，提供更为妥适的个性化种植规划与建议，甚至有可能做到推荐插秧及收成的规划。比如，根据过去 40 年的气候温度资料，生成式 AI 可以做到以基层农民听得懂的方式解释农村气候变迁、农业与气候变迁的关系，甚至提供栽培防灾建议，这对农政单位推断农业与气候变迁情况有很大的帮助。

你想得到的，生成式 AI 几乎都做得到

另一个新创公司使用生成式 AI 进行精准营销的案例也相当有趣。

2023 年 Adobe MAX 2023 令人震惊的生成式 AI，展示了许多产业都能应用的技术；这个设计工具，可以帮助设计师甚至一般的电子商务业者提供产品销售的创意想象。

举例来说，零售业者或品牌电商为了营销时更精确，有时会以更沉浸式的广告文案来吸引消费者关注焦点产品，这时拍摄或制作的成本自然就高出许多。例如卖冬天穿的羽绒服，显然就要配上其他装备，加上在雪地里行走的形象，才能打动消费者埋单；有了生成式 AI 之后，就可以先在简单的摄影棚内完成初稿，然后配上各式各样的雪地风貌，别说穿上这个品牌的羽绒服登上台湾玉山轻而易举，就连登上喜马拉雅山都不会是什么难事。

另外一个经常困扰电子商务业者的，是女性模特代言的性感内衣拍摄，这经常让制作方伤透脑筋。如今有了生成式 AI，就简单了。不管是不同的尺码、花色、肩带设计风格等，还是不同场景如浪漫的夜景或凡尔赛宫般的背景都能迅速生成，让购买者迅速心动；甚至于还可以配合 KOL 的需求，自动产生图文并茂的广告营销内容。想象一下，只需要在摄影棚内拍摄穿登山鞋的模特，你就可以很快地配合精准营销规划，将画面转换成在河溪上泛舟或在雪山头踏雪而行，根据产品要求的素材，还能轻松加上防水、透气、舒适与避震的种种元素，谁还拒绝得了生成式 AI 呢？

站对风口，大象也能飞起来

理论上，也许 AI 模型仍然不容易取代那些经验老到且靠类比思维做决策的资深员工，但从各行各业铺天盖地使用 AI 技术来实现生产自动化或服务最佳化的趋势来看，各项 AI 技术已犹如握于手上的现代化罗盘与航海术，这一次，AI 的大航海时代似乎已真的来临，各行各业都应该准备好正面迎击 AI 时代的浪潮。

俗话说，只要站对风口，大象也能飞起来；那么，在这个数字转型的关键时刻，你站对地方了吗？

第 4 章

传统产业数字转型必胜秘技

对优秀的企业而言，数字转型是不二之选。有远见的公司自己做出新的战略抉择，那些没有能力进行转型的公司，当然就等着被淘汰了。

杰夫 · 贝索斯

亚马逊公司创办人

There is no alternative to digital transformation. Visionary companies will carve out new strategic options for themselves-those that don't adapt will fail.

Jeff Bezos

Founder of Amazon

过去有一句风靡一时的广告词："AI——它智能，你聪明。"

说到"过去"，我的 AI 博士学位就是 30 年前在美国拿到的，算是所谓的"第二波 AI 末代传人"。当时，美苏冷战结束不久，硅谷的网际网络产业如火如荼，没有人预料到多年后竟然会有"网络泡沫化"的惨状。我刚顶着 AI 博士头衔回台湾地区时就知道，大家都已经替人工智能写好"讣闻"了，从类神经网络模型到机器学习演算法，都被打入冷宫，无人问津——因为没有人想象得到 AI 能做什么。就像辛顿教授，我们这一群 AI 博士确实已经设计好了学习演算法，独缺计算力和充足的训练资料。

数以百计的演算法，就这样被晾在图书馆足足 20 年。在这个 AI"失落的 20 年"里，AI 专家只能默默和其他各种不同产业在应用场域上合作，分析一些现在看起来少得可怜的"小数据"。终于，近年来 AI 咸鱼翻身，成为显学，自忖也该轮到我将人工智能的精华传承给下一代去发扬光大了。凭借过去创立公司的独特产业敏锐度，我一眼就看出，眼下正是以 AI 技术协助产业转型的大好机会，产业界当然也普遍意识到，数字转型应该是一个不可阻挡的趋势。

像我一样拥有丰富产学经验的教授，便因此得以派上用场。

在那"失落的 20 年"里，我研究了许多传统制造业与服务业的技术发展，尤其是产业 AI 化，所以率先提出鼓励传统产业将创新数字科技与产业需求问题对接，以此带动产业全面数字转型。

首先，成立一支"数字转型特攻队"

为了实践产业 AI 化以推进数字转型，在台湾经济事务主管部门的支持下，我们组成产业数字转型专家服务团，连接台湾北中南超过 30 家产业协会（包括需求端及供给端）成立数字转型推动工作小组，促成超过 150 个包括设备制造、生物医药、零售服务、农渔养殖、循环经济、运动科学等产业 AI 落地应用案例。

当然，这些不同产业的类型与属性大不相同。比如说，台湾地区半导体制造业的属性，与机械设备制造业大相径庭，更不用说，不同垂直领域的服务业差异有多大了。

一些世界级的科技公司，其实早就跃跃欲试，已经在不同领域进行数字转型的布局了，目的就在于以大量客户资料为基础，提供最具个性化的服务，实现实际的产品或服务的数字转型。当然，除大型科技公司之外，另一批数以百计的小型新创科技公司也不遑多让地在 AI 与数字转型的议题上争相比拼。

“数字原住民”带头冲锋

有一批新创公司，由 30 岁以下的所谓“数字原住民”带头，领导一群年龄更小的年轻人满腔热血地以破坏式创新的概念冲撞一些传统且过于壁垒分明的产业，加上资金充沛的创投公司在背后撑腰，企图联手让所有产业彻底数字化与 AI 化，借此争取担任领头羊的机会。

例如，其实产业界早已感知，“工业 4.0”正在改变制造业的传统模式，为了提高生产效率、降低生产成本，以及改善劳动力不足的问题，制造业者纷纷开始在生产线和整个运营过程中导入像是物联网、云端运算、人工智能、机器学习与大数据分析等技术，使制造过程能更加智能与易于客制化，同时提升客户在使用产品时的特殊体验。

就以我们比较熟悉的智能制造业来说，如果本土的某 AI 服务器生产大厂突然接到一笔订单——美国客户的云端中心要求建置每一台都要价近百万美元的服务器机柜，而且一周之内就必须完成交机时，要如何如期、如值、如预算地交付？

这家 AI 服务器生产大厂所倚赖的，就是所谓的“24 小时数字化自动生产管理”，从印刷电路板到服务器所需的数百种零附件，都以全自动化机械手臂自仓储系统内快速递送至生产线上，迅速而精密地组装 CPU（中央处理器）、记忆体等零件，然后以空运或海运的方式送到客户的手上，生产、组装的时间总共还不到 5 天。

服务业面面俱到的数字转型

服务业的转型与进化，更是从来就没有停止过。从早期的“柑仔店”式贩售转型到现在的 OMO（行业平台型商业模式）虚实整合模式，从过去的“产品 vs 服务”到“实体 vs 线上”，再到现在及未来会流行的“数据赋能”，服务业一直都在转型，即“唯一不变的就是变”。

在数字转型的过程中，业者的首要工作，就是整合消费者光顾实体店面的轨迹（也就是“线下轨迹”），包括即时的门市店面人流量、POS（销售终端）交易资料，加上记录下来的会员过去购买资料与线上浏览轨迹，以达到精准营销的目的。

当然，业者必须根据产业技术需求与导入数字转型的准备成熟度，找寻与开发完整的数据搜集与分析工具，制定共通性、特异性的解决方案，同时可进一步带动产业快速应用与未来上下游供应链体系的扩展。

举例来说，产业可以建置出适合自己使用的优化订单流程自动化模组，或是以企业内部众多销售资料为基础，即时上传销售资料，通过云端计算、分析，有效降低人工作业的失误率。

商情搜集模组是一个关键基础设施。传统企业级的商情搜集模组大都使用日本的几个大型情报订阅机制，由它们依据付费高低，提供厂商目标市场、产品及商情类型等情报，定期取得目标市场最新政策法规、消费形态等相关数据。但是，进入 10 倍速的数字时代后，商情搜集势必需要更精准地获取与自身企业或竞争对手及与整体产业相关的资讯，也就是除了关键字设定之外，还应加入分析应用，以及市场调查与预测功能，以“商情仪表板”为界面，即时提供产业资料指标分析情况，如市场结构、消费趋势等主题式交叉分析，以及舆情资料、商品评论等特定资讯搜集结果，借以研定商业营销运营策略。

这样的数字转型所使用的，都是引领产业聚焦于未来市场的前瞻性、战略性的重要科技。传统制造业与服务业，目前正有机会塑造全新的产业环境及品牌模式，一方面借此转型机会带动产业生态，另一方面也对产业生态进行全面性的结构调整。

过去，不少新创公司、资讯服务业者等一直苦于无这样绝佳的合作机会，今天各制造业领域的产业量能都已到位，以制造业与服务业的硬件需求作为经济推力、以资讯服务业的软件实力作为形塑拉力，当有机会连接国际伙伴的订单时，可以促进数字转型在各个不同的垂直产业的落地，最终达到以智能科技引领发展的愿景。

其次，针对产业自我属性制定策略规划

由于内外部环境及市场变化快速，政府机关为协助本土产业与时俱进，势必首先鼓励产业导入数字工具应用，以开发本土外新市场、新渠道及实现精准客制，并生产符合消费需求的产品，逐步进行数字转型。

由于台湾地区各产业一向以中小企业为主力，在专业人力欠缺的窘境下，第一步能够做到的，就是产业内部开诚布公、盘点自我弱项，以厘清数字转型时所需面对的环境问题及该有的期待。半开玩笑地说，就像是先准备一个数字转型的“许愿池”，在内部检讨与盘点的过程中，大家都可以把逐渐形成、想要达标的愿望放入许愿池。

至于资源的盘点，建议以产业运营体质、数字体质、财务体质、人力资源、组织文化、领导风格等议题为主轴。用管理学的语言来说，就是产业策略规划；而这个产业策略规划，当然必须纳入数字化与数字优化。坊间的数字转型书籍与文章，大致上都已对数字化与数字优化有清楚的说明与定义，在此就不赘述。

本书只将数字化广义解读为建置软硬件的资讯管理环境，包括利用资讯科技或演算法提升产品或服务品质、管控工作进度等的基础建设。

数字化可以轻松缩短作业时间、降低成本

产业不同，数字化的方向和做法当然也会有所不同，例如制造业势必会需要的，是订单格式标准化及传输数字化之类的转型，不久之

前，台湾地区甚至还有一些企业根据纸张记录来下订单（如图 4），或是以传真及 Line 收受订单。服务业与其他新兴产业就很不一样了，由于电脑化比较早，所以也许在缩短订单作业时间这个议题上比较受重视的，是主管或经营职人都有的预估订单的经验，但在导入更复杂的数字工具后，却无法将这一经验数据化，只能通过口耳相传，实属可惜。

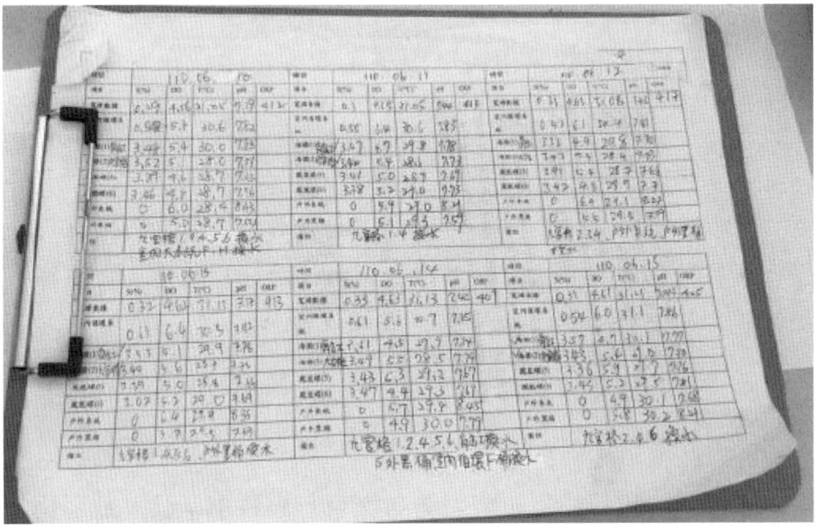

图 4　中小企业常以纸张记录生产与下订单

举一个实际例子来说明好了。不知道读者有没有在台风夜品尝五星级红烧牛肉面的经历？位于台湾彰化的飨城公司，就是以美食购物网供应冷冻美食、滴鸡精以及年菜等产品逐渐扩大规模，然而因为过去进货管理未与 ERP 系统串联，以致排程无法精准掌控，必须耗费人工来确认订单，最后导致产品溯源不完整。通过数字转型建立收货、验货、出货管理系统后，飨城公司不仅降低了人工作业可能导致的错误率，更提升了库存的精准度，节省了不少成本，也建立了良好的品牌形象。

除了可以缩短一定作业时间之外，数字化还有一个很大的吸引力——降低成本（不论是生产成本还是服务成本）。就制造业而言，一旦生产过程能自动串联不同生产阶段的数据，自然可以做到诸如节省生产机台的调整与更动时间，以及更进一步完善所有原料的备料管理，甚至将来都可以加速原料至成品的溯源与追踪。

第一波数字化只是一支一垒安打

数字化最终极的目标，当然是要实现产业的数字转型，而不管是通过数字科技创造差异化，还是提高任何产业的竞争力，都算是一种创新的转型。转型成功后，便能提升内部运营效率，增进顾客关系，开创新产品、新服务、新市场或新商业模式，从而提升企业数字创新能力及弹性。

不过，在实现成功数字转型前会有一个过渡期，产业界普遍称之为“数字优化”，意思就是，数字化之后有一个阶段性的成果可以秀给老板看，当然期待老板不要因为数字化初步成果甚佳，然后就结束转型了。

就像打棒球一样，第一波数字化只能说是击出了一垒安打，紧接着还要进展到数字优化，也就是在这同一局里击出另一支安打，如果这支安打不是长打，只能把跑者送上二垒，就要再击出安打才有可能真正得分。

这个数字优化，也有令人眼前一亮的卖点。以制造业为例，最期待的是提高生产效率或拓宽产品营销渠道，那么，当然就可以在数字优化的过程中分析数字化的生产数据并运用于生产决策，同时可以做到即时监测关键的制程数据，也就是再击出安打，那么，就距离能够精准预测生产效率（得分）不远了（如图 5）。

在拓宽产品营销渠道方面，不论是 B2B（企业对企业）还是 B2C，甚至于 B2B2C，有了数字化的销售数据之后，自然可以依数据来预测客户喜好，甚至可以做到以消费者为中心，运用数字优势来促进营销活动（如图 6）。

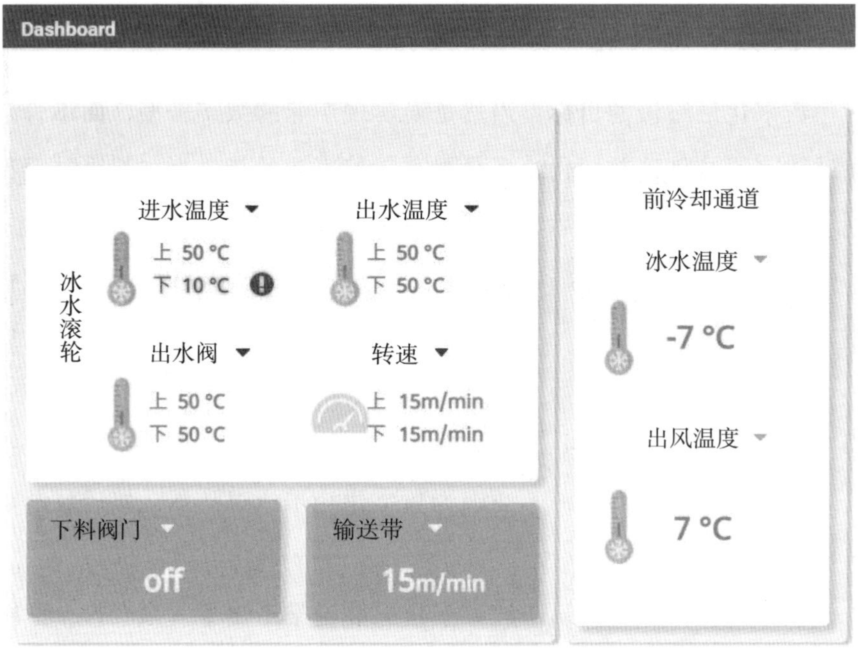

图 5　初步达到数字化后，就有完整的资料可以呈现在资讯看板上

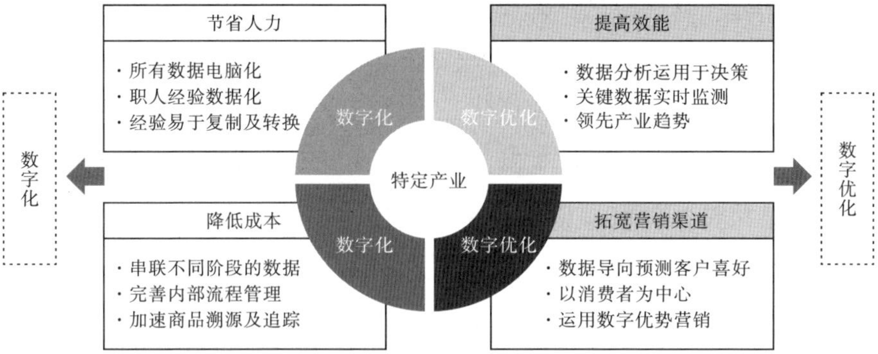

图 6　产业转型策略规划范例

再次，形塑产业转型的路径指引

过去我长期在医院管理最有价值且充满隐私的医疗数据，所以对于各科部医师众多的“指引”一点都不陌生。但在产业界里，特别是传统产业，常常是老板说了算，哪有什么标准作业程序（SOP）可言？比较大一点或者稍具规模的企业，才可能上下一体遵行所谓的“指引”；这是因为，有了指引，本来容易犯错或容易忽略的细节就会得到明确的提醒。这种 SOP，特别是从国际级产业的数字转型经验内化得来的本土化数字转型策略规划及路径指引，是有其必要性的。

关键第一步：设定清晰的数字转型目标

以有意打入欧洲市场的电镀高级餐具业者为例，如今大家都可以根据往日业者和欧盟打交道的经验，进行表面处理厂的数字转型，这势必有利于进入欧洲新市场、获取新客户。

外销如此，内销也不例外。以目前台湾地区全年产值超过 6000

亿元新台币，与我们日常生活息息相关的食品制造业为例，单是为制造食品而设立的工厂就超过 7000 家，九成以上都属中小企业，所以常见的问题无非是产业人力老化、投资资金有限、制程依赖老师傅经验或纸本记录等，对数字工具的认知及掌握度普遍不足，加上产品开发速度慢和服务创新难度高，更不用谈突破旧营销模式和创造产品价值了。因此亟须参照国际食品产业数字转型经验，并综合本土食品厂商数字转型时遇到的问题，制定可循序渐进并容易遵守的指引，为厂商进行数字转型提供参考。

以鼎鼎大名的新竹海瑞食品为例，新竹海瑞食品过去以海瑞贡丸作为新竹贡丸的代表品牌，但近年因其他品牌崛起而不断瓜分市场，所以新竹海瑞食品下决心实现数字转型，努力借由网络评论、产品定位与舆情分析，加速了解与掌握消费者口味变化，并经由营销策略分析迅速调整产品销售模式，成功巩固了龙头地位。

不只是食品制造业，对任何产业来说，设定清晰的数字转型目标都是数字转型成功的关键第一步。有了清晰的数字转型目标之后，产业就可依据全球大环境趋势及变化，在了解自身后，面对未来创造新市场、新通路及新产品价值的关键问题或机会，进一步以具体的数字转型目标，有效与转型顾问团队或利益相关企业组织（例如上下游协力厂商或生态圈伙伴）沟通，以数字工具来有效解决问题。

未来产业及供应链的新优势能量

这个路径指引，不仅可以协助产业评估自身内部与外部资源何在，还包含软件（含人员）及硬件（含设备）的数字能量，因为数字工具势必会成为未来产业及供应链的新优势能量，是企业宝贵的资产。路径指引更可以让企业深刻了解自身经营及创新的关键问题所在，也就是说，在数字世界的视角下，是否能够呈现创造产品、服务、制程及供应链的“资讯透明状态”（如图 7）。

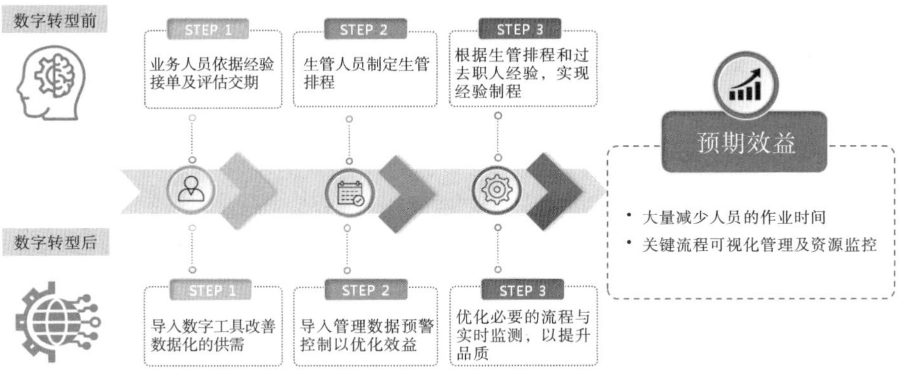

图 7　产业形塑市场定位与转型指引范例

换一个角度来说，经过执行完整的策略规划，会让企业的决策者清楚地认识到企业在整体产业中的定位和优劣势。以服务业的小型电商为例，得到的结论就是在上架费方面应该更谨慎，也应该与物流业进行策略联盟以提高达交率，并增加交货保证时间的弹性；接着就是重新分配时间与配置资源，因为一旦决策者已对数字转型的意义了然于胸，短期内想创造出什么新市场价值，方向就应该呼之欲出了。

举例来说，疫情后的新常态供应链发展到底是顺境还是逆境？从路径指引的图中可以看到，首先考虑的就是供应链重构，或是供应模式的生态系重构。当你看到原料供应的不稳定可能导致消费市场的限缩时，势必会开发或寻找替代原料，而且要通过消费需求的观测来应对，而这方面正是数字转型之后的优势。当然，那些无法及时应对供应链变更的产业，势必被淘汰。

另外一个目前中小企业或传统产业普遍存在的问题，就是数字化的“体质”仍然稍显薄弱，难以在数字转型上顺畅应用 AI。这是因为，已投入数字化运作的业务大多以销售管理或财务管理为主，生产管理方面大都因为初期评估投资成本过高，或是担心投资回收期太长，一次又一次被否决掉。之所以会有这种情形，通常都是因为不了解国际上的成功数字转型应用经验及案例，也因为本土厂商普遍不曾在资讯设备及软件上投入足够多的资金，所以容易轻忽生产管理上的效益；经营者往往只看到扩大产品规模的优点，所以愿意投资产线的扩充，却忽略了这些资讯设备及其操作软件可能带来的好处，这也是我撰写本书的最重要目的——企业需要的是“赚钱的 AI”，而不是“花钱的 AI”。

最后，建立可获利的新商业模式

前文已一再强调，数字转型的关键不在电脑、系统、策略，而在人，所以这个可获利的新商业模式，势必是由人创造出来的。

进行数字转型时，许多企业都会先建置专案团队来专门负责沟通及执行。事实上，为了持续设计、进行沟通及精进企业的数字转型规划，且日后能进行精准决策，企业的数字转型投入不能只有决策者和少数高阶主管，除了要有宣示性质的高阶主管参与外，最好企业上下都能一致清楚数字转型的目标；有的企业以一组专案团队统筹执行，有的企业则是以内部文件进行指导，都各有优缺点。

越多人参与，转型成功的机会就越大

新冠疫情加快了数字经济的发展，各种产业也在不断转型中，任何企业都无法置身事外，不能求新求变的企业，最后只会被淘汰。重要的是，全体成员共同参与的成功机会最大，因为数字转型不可能一如预期地顺利进行，势必经过多次的冲突与妥协，甚至是多次尝试错误之后，才可能达到预期的成果。只有确定对内及对外跨域跨业可有效沟通及合作，建立适合且敏捷的合作机制才行。

正因为数字转型的实质意义在于企业重新定义商业模式、运营流程与客户体验，并且进一步找到提升竞争力与创造营收的方式，所以势必会从商机中发现新的商业模式与服务。例如疫情期间，大家突然注意到“宅经济”成为社会经济的新典范。然而，疫情初期的线上服务其实是有些不得已而为之的，因为很多人是真的第一次使用线上服务，但在他们发现线上也很方便之后，线上购物就变成了生活

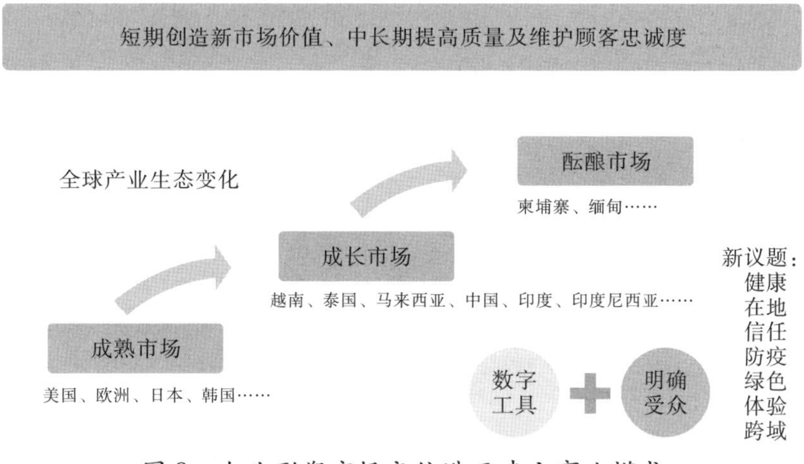

图 8　企业形塑市场定位进而建立商业模式

中的一个习惯，所以即使疫情已经结束，宅经济依然活络，继续以线上商业行为为基调，扩展到传统产业或中小企业中（如图 8）。

根据新的顾客行为寻找转型策略

这样的不接触式服务，所促成的商业需求会迅速增加，甚至夸张地说，可能将来所有的服务业都必须以线上为基础，重新定义产业的创新商业模式；也就是说，各服务业领域都应该思考如何对顾客提供不接触式服务。

另一个例子，是口罩生产厂商。在新冠疫情防控期间，口罩生产厂商不惜投下巨额成本扩增生产线，以达到足够满足民众需求的产能，促使台湾地区的口罩产能达到日产 3000 万片（当时台湾地区人口总数为 2300 万），不但足以供应民众所需，还得以输出其他地区。然而就连你我都想象得到，疫情结束之后口罩的需求必然大减，怎么办呢?

没错，这些生产厂商就该进行下一波的转型，例如可以转而继续生产价位较高且有设计感的美观口罩，或是医疗业始终有不少需求的 N95 口罩、手术口罩等，甚至是半导体产业需求极大的不织布。因为基础加工设备极其类似，所以不少口罩生产厂商转向防尘衣、防尘帽或高阶防静电无尘衣的生产；要是没有数字工具协助，这些转型就很难达到成效。

不接触式服务的数字转型

由于疫情期间顾客不愿进入实体店面，但很在意自我健康管理或外貌形象的族群依然有健身与美妆的需求，所以应运而生的不接触式服务，就成了线上健身教练或线上美容专家提供咨询的新产业了。有的美妆业者还不只提供美容服务资讯，甚至创建了健康或美容用品宅配到府的订阅经济模式，这也成了一门新生意。

搭上这趟便车的资讯业者，则借由运动科技，转型成以科技产品来辅助健身与体重管理的产业，例如以智慧型荧幕搭上在家运动的顺风车，推出鼓励民众在家运动的居家运动系统，不仅符合“宅经济”，甚至延伸至更广的生态系，如每日健康记录（卡路里）与管理、运动目标管理等，创造了全新的广大需求。

例如，本土某品牌健身器材公司就在疫情期间神速推出一款壁挂式与直立式的运动教练荧幕，不但有完整的教练课程内容，还能让使用者把直立式荧幕当作个性化的运动教练；而当这样的设备走入许多家庭之后，想象空间就更大了——商业模式可以结合运动、生理检测、健康检测等功能，延伸至其他生态系，如每日健康记录（卡路里）与管理、运动目标管理、社群互动，甚至可以聚焦银发族，提供卡拉 OK 点唱等服务，推荐线上美容课程、做菜课程、太极拳课程、瑜伽课程……更是小菜一碟。另外值得一提的，还有运动成果分析显示，通过好友团体排名，参与周、月度、季度与年度竞赛活动，以及社群分群比赛，甚至可以设计训练项目，让使用者锻炼肌力、肌耐力、协调力等。

梳理数据加上逆向思考，找出新的路径指引

在千禧年代的生活形态可能有所改变，各个产业都必须投入研发新形态服务，以因应消费客群的都市化、分众细化等新兴议题，以及理解转变后的新饮食生活形态将受惠于客制化及共享经济。线上

及社群营销的蓬勃发展，可能会引起特色产品的在地价值被强化，甚至结合区块链等新兴科技工具，进行产业链流程及制程的革新（如图 9）。

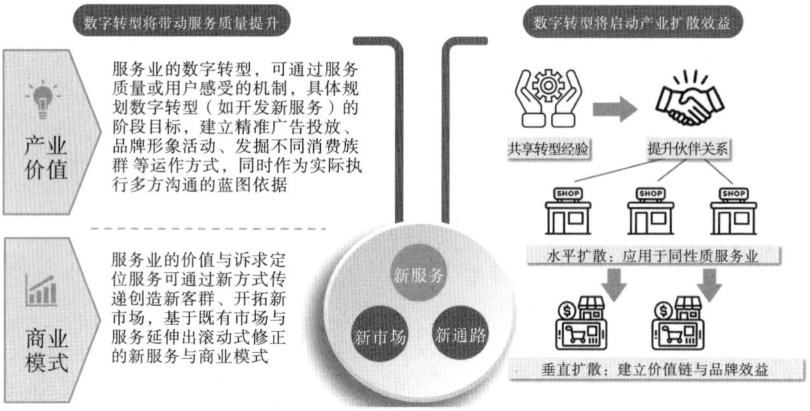

图 9　一般服务业未来可发展的商业模式概念

更重要的是，当产业面对人口结构转变的危机时，最先面临的就是消费人口结构高龄化和产业劳动力不足的困境。这时，正确的路径指引就会引导决策者思考是否有机会设计、开发超高龄社会福利及需求的新产品，例如高龄者及其家庭的机能饮食生活模式，以及产品服务标杆典范形象的建置，甚至思考专为长者设计的客制餐食开发（以及以此拓展新外销市场）的机会，就会是另一个逆向思考的好例子了。

第2篇

数字转型的8大主题

第5章

产业数字转型案例解析

改变是生命的基本定律，那些专注于过去或现在的人，必将错过未来。

约翰·F. 肯尼迪（1917—1963）

美国第35任总统

Change is the law of life and those who look only to the past or present are certain to miss the future.

John F. Kennedy (1917—1963)

35th President of the U. S. A.

主题 1

生产与备料数据多为纸本记录，容易出错且效率不高

有人说理想是丰满的，现实是骨感的。

大部分的传统产业虽然赚钱，但厂房设备皆有一些“年纪”了，尤其在台湾中南部地区的传统产业中，外籍员工占很大的比例，多数老板会指派外籍员工做一些重复性且不用语言沟通的工作，例如每 30 分钟或 1 个小时进产线用手抄方式记载机台长期运转状态、温度变化，或是大型水槽的水质 pH 变化等工作。

由于使用手抄方式记录机器仪表上一个小小的数据，因此偶尔会出现失误，例如将 24.7 摄氏度误抄为 27.4 摄氏度的可能性相当高，进而无法正确判断何时该维修机器设备，严重时可能导致生产线停摆。人工抄写时一个小数点的错误，就有可能造成后续生产线上的大灾难。

几年前，台湾南部某知名大型糖果生产工厂就曾发生一起因资料以人工记载而导致生产线大停机的事件，造成的重大损失震惊了业界。该公司主要是生产各种口味的巧克力棒加工产品，拥有六条生产线，在两班制的情况下运作。在生产过程中，液态巧克力原物料置于内径超过 20 厘米的管路中。为了在冬天保持原料的液态，于是使用水蒸气外管加温，并在上方采用外露式渠道间的输送管路。不料某个夜间值班人员未留意，抄写温度时出了一个小错误，导致液态物不

断被加温，最终管路爆裂，数千公斤的原料巧克力泄出，生产线全毁。光是清除这些巧克力就花了将近两个星期，造成不小的损失。

在传统产业中，手写的生产数据过于潦草，对于非记录者来说解读不易，更不用提用手抄写可能出现的失误。因此，精确的电子化数据记录势在必行。随着制造业进行数字转型，生产与制程得以完善管理，这不仅有助于稳定生产线运作，还能够提供原料仓储精确的进存销资料。经过数字转型，传统产业势必能够实现老板对公司产品“快、准、畅”的愿景，全面数字记录原物料进料、领料、库存量等相关资讯已经变得不可或缺。

数字化是一个典型的劝诱科技，循循善诱且一步一步到位。

数据数字化 Know-How

最有机会改善的时机点是在产业制定策略规划时，就聚焦于积极采用数字化工具的议题上。在这一阶段，可着重**导入便捷的数字化手段**，以取代纸本的记载，例如以 PDA（掌上电脑）、平板电脑、智能手机或 QR 扫描设备，协助员工将纸本资料快速转换成数字格式，从而提高数据收集的效率并减少错误。

除了手持数字设备之外，还可以**利用自动化工具**，例如光学字符识别（OCR）技术，将过去的纸本资料自动转换为数字格式。此外，通过机器学习和自然语言处理技术，可以对数据自动标记、分类以及修复数据错误，从而大幅减少手动输入和降低错误发生率。

接下来应该考虑**数据输入的验证机制**，目的在于确保数据的准确性。这可以包括自动验证规则，用来检测可能的错误，并进行警告或修正。最后就是留意在数字化之后，要**制定数据品质控制流程**，包括进行数据清理、去除重复、定期维护数据等步骤，以确保数据一致性和高可信度。

除此之外，还要**制订人员培训计划**，以确保员工能够顺利操作数字工具。培训内容包括提高员工的数字敏感度，使其适应新的数字工具和生产流程。**老板应鼓励员工一同积极参与数字转型，以提高公司的生产力**。

执行完整的策略规划之后，公司决策者应会更清楚公司在整体产业中的定位，并据此形塑产业转型的路径指引，用以评估内部与外部的数字资源所在，最重要的是清点自家产业中整体软硬件的数字能量。像是食品制造业可以将数字资源中的商品舆情分析系统应用于市场趋势分析，以提升产品竞争力，传统“黑手”制造业也可以融入目前设备中的强项 IoT（物联网）监控系统，将来部署于生产线上时可即时掌握标准化流程，更有效地实现数字转型。

生产机台的健康管理

数据数字化的应用可用现在流行的穿戴装置来类比。智能手环会在日常我们不会留意的时候记录大量的数据，例如行走步数、血压、体温，甚至健康或疾病样态的数据。这些记录可用来观测一个人的健康状态，成为个人健康资料的一部分。反过来，我们可以通过这些资料调整个人生活形态，进而预防疾病。

另外，我们也可以通过分析每天在社群媒体上的打卡和发文来判断个人的心理或生理状态，形成另一种隐含的个人健康资料。医疗院所的医师通过问诊、累积的健康资料以及其医疗看诊经验，再结合过去的病历，可以迅速判断病人罹患了什么样的疾病。

同样的道理，过去生产线上的老师傅拥有多年专业经验，也许是通过用眼看、用耳听、用手摸，就可以大概知道机台的健康状态。但对于产业来说，经过了数字化的精进，就能够每天详细监控生产记录，让可以联网的生产设备持续累计数据。这些时间序列资料看似无意义，长此以往却能比较出超过 100 台不同机台间的微量差异，自然也可以判断某台机器皮带轮是否下个月就需要换新。

生产记录与订单交期之间的关系，就如同于智能手环与健康（疾病）样态之间的关系。若能结合更完整的生产资料记录，便能实现智慧制造上个性化的生产机台（健康）历程管理。个别的机台状况将能通过资料即时呈现，让现场管理人员更容易了解特定故障的样态与趋势，甚至可以指定长期追踪整个制程中最重要的核心机台，其重要性自然不言而喻。

那么，在制造业全面革新的“制造 4.0”之下，将来任何产业的生产流程、品质管理流程、品质保证流程甚至于所有进存销物料的数字记录与产品交期预测，都将如同智能手环所扮演的角色。

“黑手”制造业也有大黑、中黑、小黑

在制造业里，单是细分成专业的应用领域就有不少于 100 种不同的设备制造类型。所以只要一提到属于所谓“黑手”的制造业，大家一定会加问一句，是“哪一种黑”?

制造业的“大黑”指的是那些拥有大型厂房，需依赖电动及气动大型机具辅助操作的生产环境；“中黑”指的是半自动或自动化生

产线上，搭载诸如仪表或 CNC（计算机数字化控制）车冲床等电脑辅助操作的设备类型；“小黑”指的是那些在冷气房或无尘室运作的全自动化生产线，属于高度自动控制的精密设备，几乎不容许停机。

善用科技将生产资料数字化成电子表单

台湾地区的设备制造业一直以“中黑”型的自动化设备、中阶半导体加工或封测设备、传感系统及元件等产品制造为主力。然而，当世界各地疫情反复不定，远距离工作及远距离服务客户成为疫情之后企业的必备模式，势必将带动工业机器人、服务型机器人、电动车制造设备、半导体制程或封测设备及各式自动化设备需求持续增长。大量的需求也相对刺激了新一波的机台汰换潮，当然新机台皆配备数字化的记录获取装置。

然而，多数传统制造业企业仍使用人力定期记载机台运转状态，这些定期状态记录包括水槽温度、水质变化等数值（如图 10）。由于这些数据是由人工手抄，往往会有准确度不够的问题，甚至难以判断何时该维修机器设备。更糟糕的是，人工抄写时的小数点错误，有可能引发生产线上的大灾难。

为了减少机台因维护或停工造成的损失，传统产业者应逐步建立机台所需的进水 pH 值及流水量记录，未来应建立水质即时预测及预警模型，以及管理用的可视化平台。然而，一些老板宁愿选择改装现有机台，增加其存取数据的功能，也不愿意购买具有数字化记录获取装置的新机。

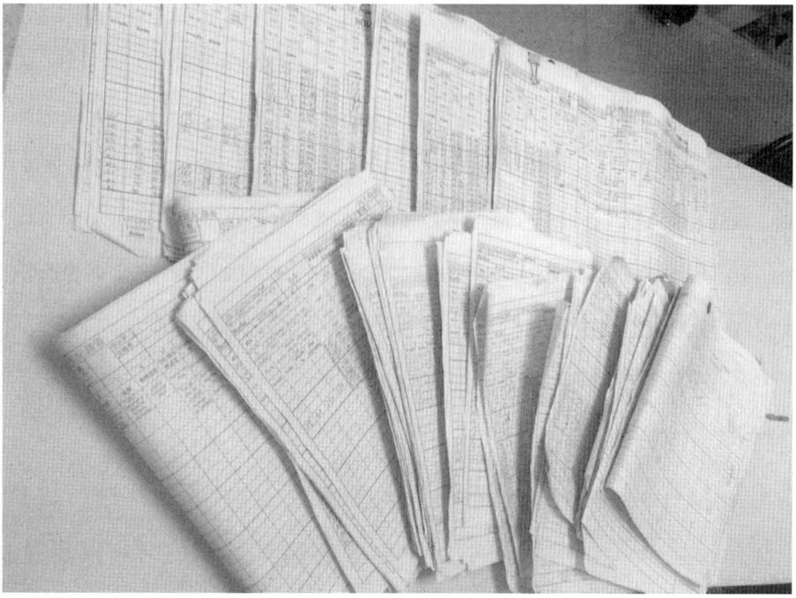

图10　中小企业典型的以纸本记录生产与运营资料

■建置生产系统及数据资料库

导入产业数字转型的第一步仍然是将所有相关记录与数据数字化，亦即将老师傅用眼看、用耳听、用手摸的习惯改为将即时数据存入资料库。这可以通过引导电脑工程师和有经验的现场老师傅联手合作，共同建置完整的生产系统及数据资料库，将分散于多个厂区的感测器数据即时回传到远端或云端资料库。通过可视化平台，可以即时了解水质变化与机台运转情况，从而免除人工爬上爬下抄写的繁复程序，同时避免不该有的错误发生。

■以数据为基础建置AI系统

在过去的加工物品检验中，通常仰赖厂内经验相当丰富的老师傅。这些老师傅会在最容易发生异常及瑕疵的工序中，从瑕疵状况推论可能的成因，进而在重新加工时调整设备相关设定，以避免同样的状况再度出现。但是经验丰富的老师傅仍然有可能看走眼，或是一时误判。若建置一套针对加工程序与环境状况进行分析及监测的 AI 系统，这个 AI 系统可以以过去经验的具体数值为基础，学习老师傅的经验值，建置完毕后，可以将系统数值与老师傅的经验值做交叉比对和验证，这样的 AI 系统就如同老师傅的嫡传弟子，能够及时告知现场人员设备参数的设定建议值，例如对用于降低表面电镀加工厂的瑕疵产生率会有很大的助益。

■数字化物料管理

目前，本土绝大部分的食品业仍然依赖人工填写纸本进行进货、备料、仓储及生产线等流程，不仅使得原物料整备不足时难以迅速找到关键原物料，也容易卡在生产线上，延长半成品的生产时间。再加上未能同步给料和人为操作的可能误差，导致原定的订单产品与预期不符，例如原本要生产咸汤圆，结果机器生产出了甜汤圆，这样的情况就不足为奇了。

防呆式生产记录数字化主要借助 PDA、扫描条码及流程自动化等管理模组。这样的模组可以将资料转换成特定的资料格式，进而建立有效数字化管理的生产记录表单。一方面可降低使用手写白板或纸本记录的需求，另一方面也能更有效地提供串联产品来源和流向的管理记录，以进行必要的追溯和追踪。

通过数字化物料管理，不但能记录秒级或分钟级的生产资料，还能有效管理原物料的数量、规格、配方以及操作流程。这样的数据管理很适合应用于食品生产。例如，食品业者可因此优化生产流程，以满足消费者对不同口味的需求，如花生口味或红豆口味的甜汤圆。未来有机会进一步将数据转换为提供给其他部门应用的生产管理分析表单，例如用来分析良率，进一步可强化多个厂区的生产体质和效能。

若是能将品质管理分级、自动分秤包装等功能串接到生产流程中，业者就可以大方宣称这是“从进到出的全自动 AI 生产”了，这样的整合可以大大提高生产线自动化的水准。在产品开发阶段，以科学化及数字化的方式进行生产转型，尤其在研发与品质管理过程中应用资料集分析产品参数，可以降低新产品上市时的失败率，也有助于提升食品安全的管控力度。

数据数字化带来的效益

对于企业主来说，数字转型不仅是一种科技应用，更能够提升生产效率、节省成本，带来更多的获利。以下总结数据数字化能带来的效益。

1. **提升效率与节省成本：**以数字化的经营管理，即时掌握生产线状况，确保品质一致性与效率。这不仅能降低生产线上成品或半成品的重工率及废弃率，还能间接降低成本，提高获利。

2. **落实品质管理：**导入环境监控设备以记录生产流程中如温度、湿度的变化，使生管人员充分掌握标准流程，以进一步提升整体生产效率，并提升食品安全自行管控的能力。

3. **追踪原料与产品：**建立仓储管理系统以提升订单处理或生产排程的效率，导入易辨识的标签系统以有效管理原料及产品的流向，避免次级品或重工半成品流入市场。

4. **预测瑕疵品和提升全检精准度：**通过设备参数监测及后续的分析，可提高瑕疵预检和全检的精准度，并且优化内部作业流程。一方面可用来监测及示警设备即时状况，另一方面可作为现场生产或加工处理异常的依据。

5. **分析异常资讯并即时调整**：通过监测设备的生产参数，发现数据异常或特定趋势出现时，手机上的战情看板能即时显示异常资讯，并记录于资料库中。这有助于现场操作人员即时调整设备状况，并在后续汇整资料以进行异常分析。

3K 表面处理业的悲情城市如何翻转

制造业既然属于传统产业，自然表示数字化不够先进。过去传统产业是典型的 3K 产业（意即“辛苦、肮脏、危险”的工作），工作环境其实相当艰苦。多年来台湾当局已辅导众多厂商完成产品升级转型和改善工作环境，以吸引年轻人进入该产业就业，迄今已卓有成效。

举例来说，表面处理业的应用范畴相当广阔，涵盖提升各类产品附加价值的中度技术型产业，光在台湾地区就约有 1300 家相关企业，年产值超过 1000 亿元新台币。从传统的汽车零组件到皮带扣件、相机外壳，甚至提包闪闪发亮的商标都属于表面处理加工的范围。典型的表面处理业包括金属或塑胶及其制品的表面磨光、电镀、涂覆、烤漆、喷漆、染色及其他化学处理。然而这个产业以中小企业为主，资本额在 4000 万元新台币以下的企业占 70%，其厂商及工厂主要分布在新北、彰化、台中等县市。

这样的传统产业长久以来因缺乏先进的自动化设备，仍然使用传统经验判断计算，导致无法精算加工表面积，进而造成电镀用药浪费。加上近年来环保法规日趋严格，以及消费者环保意识提高，对企业的道德标准提高，这些都是目前面临的困境。

目前业者面临的关键问题之一是日趋严格的环保法规，特别是对于污染防治的要求。例如，根据台湾地区环保废水相关法律规定，电镀业和金属表面处理业的基本工业排放量若超过每日 150 立方米，其排放水中含镍、铬、铜、锌等重金属项目的排放标准会受到更严格的管制，这是产业亟须面对的现实问题。

此外，表面处理厂在水资源的使用上也受到法规限制。因此，必须对整厂的水资源进行详细的规划和管理。当然，水的循环使用是控制产业用水量的最佳方法，这能够使整厂的水资源更有效地被运用，间接提升整厂的产值，同时为企业塑造绿色生产的形象。

另外，在真空镀膜表面处理的程序中，技术方面存在着因环境因素影响而导致设备参数调整不及时的问题，进而引发镀膜异常状况。当发现产品质量检查不合格时，就必须对异常品进行重新加工，这不仅耗费工厂的人力和材料成本，而且是表面处理业的“心腹大患”，还是向高阶表面处理领域发展的主要障碍。

善用科技实现原料与产销数字化管理

对于传统制造业来说，业者普遍感受到数字化升级的迫切，因此对转型有心理上的准备。在这方面，表面处理业者算是相当幸运，开启了数字转型的契机。

■废水回收的 AI 预警机制

通过目前炙手可热的机器学习和 AI 应用模组，可以成功自动预测制程废水回收系统的纯水产量和浓水产量，同时能够建立让系统稳定操作的预警机制。

以金属表面处理工厂建置的废水中的重金属废水回收系统为例，简单来说就是通过建立一系列即时而有效的 AI 预警机制，确保废水回收系统的稳定维护与管控。例如，即时监控进水的 pH 值，进一步扩展至后端废水处理，串联已知的水量预估，这将有助于优化废水处理的化学加药制程。这样的设计有助于降低生产成本，当然也会大幅提升企业投资的意愿。

通过数字转型的能量，进一步协助建置优化制程与废水回收系统预警技术，能够准确掌握排程、制程参数，并排除潜在的风险因子。举例来说，拥有一个聪明的自动水回收监控系统时，可以将其应用延伸至后端废水处理，优化废水处理化学加药制程，精准控管加药量，从而大幅节省成本并提升废水处理效率。这对于中小型传统产业的老板来说是一个相当大的诱惑，能激发他们投入资金进行数字转型的积极性，下图是现场工作人员安装感测器及 IoT 数字阀门（如图 11）。

图 11　现场工作人员安装感测器以及 IoT 数字阀门

■化解制造业的痛点：生产与订单

当然这一切的成果都以数字化为前提。但如果制造业产品规格众多，或原物料管理仍然采用人工纸本方式，则容易导致料账不一的情况。此外，由于难以精准掌握库存量，维持常备货库存也会带来额外的压力，加上消费者喜好迅速改变以及业务单位面临的新订单，都是未转型前制造业的痛点。

一般来说，在生产过程开始前有必要针对线上机台和欲使用的加工物品进行检测和维护，以确保机台处于可生产的状态。不可否认的是，过去常需要有经验丰富的人力去确保设备状况，并检查加工配件或模具是否能顺利运作。一旦应用了设备联网的技术，自然可以建立机台和模具的履历档案，甚至通过一个应用程序（App）即可一眼查看所有机台的基本资料、状态、维护记录等资讯。例如在生产前，操作人员可以使用手机扫描机台条码，迅速查看设备的状况，并且可以确认设备是否能正常运行，指出可能有问题的设备，以便进行保养及维护，减少因设备故障而影响生产的风险。

在生产流程中，追踪产量和生产工时一直是现场人员最耗费时间的步骤。尤其是中型规模的制造业，往往多个机台同时运作，每个机台的产能可能不一致，这时需要仰赖现场生产线上人员协助记录数据，但手抄记录往往不够准确，因此无法正确预估后续产能，也无法提升机台的生产效率。

当有了完整的数字化生产计划，制定了生产目标之后，就不再需要依赖人工纸本来记录数据了。感测器可以用来监控当前的进度，甚至显示达成度。这能让现场管理者依照数据判断生产进度是否符合计划，若是进度上有延迟，也可以及时到现场确认原因，制定应对策略，进行障碍排除。

■把老师傅的经验转化为数字资产

在桃园市偏乡有一家上市的电子连接器生产公司，这是一家拥有专业实力的制造工厂，主要生产应用于各种资讯、网通和消费的电子产品。这家公司早在 15 年前便实现了生产线自动化，然而生管部门经理多年来一直被一个核心问题困扰，即在自动化生产线上的机台维修问题。所幸公司培养了两位经验十足的老师傅，他们能以目视方式迅速归纳出终端产品的瑕疵样态；每当 QC（品质控制）部门发送简讯，生产线的橘灯闪烁时，他们都能够即时辨认出某一个机台的某一个零件在加工时可能出现故障，随即指挥维修部门在 30 分钟内修复，从未失手。这样的能力往往让生管部门经理深感佩服。但是这些机械维修知识都存在于两位老师傅的大脑里，难以取代。

随着两位老师傅年纪增长，公司在数字转型中迎来一个偶然的机会。我亲自辅导这家公司进行数字转型，我们的目的就是将老师傅的宝贵经验和知识，通过 AI 演算法以及其他计算软件转化为数字资产，以确保这家公司的生产线继续维持，不会因老师傅退休而丧失效能。

在老师傅的协助下，我们使用统计分析的方式针对特定瑕疵种类进行分析，以找出不同的维修方法。这使得我们能够建构一套瑕疵维修手册的标准作业程序（SOP），针对瑕疵自动预测适当的维修方法，甚至未来能够提前预警，以确保能够超前部署，维持设备的稳定性。

例如，我们使用简单的关联规则演算法，从维修资料中找出维修方式的相互关联性。经过实证发现，当某一个进料托夹异常时，可能造成产品侧边的焊线不良，而维修的方法可能是调整托料夹汽缸的气压量。当然，造成产品焊线不良的原因可能不止一个，因此需要从过去相同或相似产品的维修资料中进行探勘。在老师傅的协助下，我们很幸运地从各种潜在规则中，梳理出完整的维修 SOP，使得生管部门经理可以高枕无忧。

故事还没说完。最重要的实证关键就是在生产与制程过程中，我们获取了大量的生产资讯。这些数字化的记录就是成功转型的关键。通过数字化的记录，我们能够详细记录每一项零件从供应商到生产线上的所有移动历史，这不仅能让我们直接预测故障机台，还能针对每一个零件的需求做分析预测，甚至包括管理仓储内的存货量。

此外，假如某一项产品的不良率一直维持在每个月 5%左右，公司高层自然会要求提高良率。这时如果没有完整的生产过程记录，实际上很难降低不良率，只能依赖经验法则猜测。因此，如果能拥有数字化工具，将生产线上所有零件与加工资讯等相关资讯进行完整记录，并建立特别设计的记录系统，当系统发现异常数据时，就能自行判断和确认是哪条生产线上的哪个加工程序造成的疏失。

照护表单多如流水，永远抄不完

对于台湾地区而言，银发族照护机构被视为未来社会福利的关键产业。但是年轻人对于照护机构的印象常是照护员从事辛苦而繁杂的工作。这种印象在年轻劳动人口减少的情况下，进一步加剧了照护机构人力不足的问题。尽管科技无法直接解决机构的人力缺乏问题，但是科技确实能够提升照护者的专业能力，这是不争的事实。

照护机构普遍面临的问题包括大量人工纸本记录、评估的行政作业等，例如记录个别住民的身心健康状况，每月、每季度为每个住民填写评估表，这些固定工作需要耗费大量人力，往往导致照护时间减少，进而影响照护品质（如图 12）。同时，超过三分之二的老年人患有慢性病，例如高血压、高血脂和糖尿病等。银发族因中风和心血管疾病而衍生的健康和用药问题也因此变得相对复杂和具有挑战性。

照护工作负荷大，人力流动率高，需要耗费大量时间做新员工的教育训练，以维持照护品质，这是另一个数字转型导入的契机。

当照护人力吃紧时，自然无法让每位被照护者都获得妥善且差异化的照护，这些都是台湾地区银发族照护机构目前所面临的困境。

照护机构因为人力不足还导致照护服务无法 24 小时全天候到位。例如夜间照护通常是通过排班方式进行，甚至可能依赖外籍照护员。夜间有许多工作要做，包括主动巡视环境安全、记录翻身情况、处理起床跌倒等，这些工作的品质关系到机构的评鉴，合格与否直接影响运营许可，也影响机构的信誉。为提升照护品质，一些机构通过数字化管理与服务，以资讯科技支援日常照护作业，有助于减轻照护员的工作负担，让他们能更专注于照护长者，提高整体服务品质与效率。

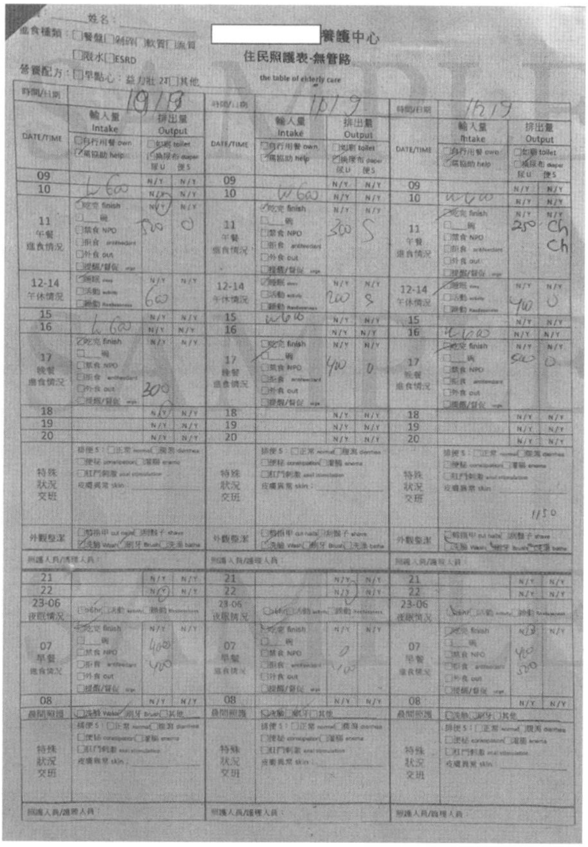

图 12　照护业典型的以手抄表单记录资料

善用科技提升长者照护品质

■自动化和数字化记录平台

照护机构的经营者为降低成本，资讯科技的引入一直不足，尤其在电子表单数字化记录方面。若能引入资通信技术，例如自动化和数字化记录平台，将有望减少每位被照护者所需的人力，进而提升照护产业的整体负载力，为资通信产品扩展应用场域。

在照护机构中最常用的照护管理系统就是一个最佳例子。这个系统不仅能记录、评估、分析照护工作，还能完整记录各种活动、课程，甚至训练过程，并且可以综合每一位被照护长者的基本资料、体能状况，甚至于特殊训练，做到全面的照护管理。

虽然人口结构有改变趋势，但也为智能照护产品带来了庞大的商机，吸引许多资通信厂商投入智能照护领域。除了预防长者发生意外的人身安全预警、延缓慢性疾病外，资通信科技整合还能促进高龄者的健康管理与生活品质。若能结合智能机器人科技，强化服务的易操作性，将能为亚健康长者提供更完善的生活需求服务。

■友善机器人的照护服务

8 为因应高龄社会需求，日本政府已将照护机器人开发列入“日本再兴战略”中，并纳入预算重点补贴对象，以推动照护业数字化和研发照护相关机器人。

过去人们对机器人的印象是在工厂进行重复性与规律性高的劳动，或辅助人类进行工作。然而随着人口老龄化的加剧，机器人在未来势必会走进家庭，其中一个关键是机器人需要具备人情味，并能够提供温暖且专业的照护服务。

其中亚健康族群是实现陪伴与照护最好的验证场域，服务主要是守护和协助银发族和慢性疾病患者的健康和生活。友善机器人可以像管家一样关心被照护者的健康，定时提醒服药、监测血压及血糖、进行互动式健康状态评估、提供健康问答服务，甚至做有趣的卫教测验。

走入家庭的照护机器人可与照护单位连接，通过照护单位预设的基本功能，可让长者或其子女协助管理日常健康资料。照护单位可通过机器人给长者提供建议，或是系统自动侦测异常资讯，一旦发现异常立即通知其子女或照护单位。

照护机器人还可应用于商业模式，允许照护单位设定机器人的场域，例如在家中或是在社区的诊所或药局。可爱的居家照护机器人着重于陪伴功能，其 AI 系统能够分析使用者的生活历史，提供智慧型的服务，例如定时提醒吃药、哪天孙女生日，也会依据使用者的意图与喜好，告知活动资讯、天气预报，甚至读新闻以及推荐餐厅、音乐和电影等。如果被照护者患有糖尿病或高血压，照护机器人还能够记录每天量测的血糖与血压数据，并主动提供所需的卫教知识。

在诊所与药局的柜台的友善机器人能够为长者定期领取处方笺提供服务，长者在领药时可通过与机器人互动取得卫教资料或折价券，这也为诊所与药局创造了新商机。特别是家庭中建立物联网系统后，长者在家中量测的生理数据可以立即同步到照护单位的云端资料库。遇到紧急情况时，长者可以主动通知照护医师处理，下一次回诊时若发现血糖或血压数据有异常，照护医师能够立即给予贴心提醒。这样的智慧健康管理可以满足长者对有温度且专业的医疗照护的需求，提高照护品质。

主题 2

通过战情看板检视设备运作及现场状态，以便即时下决策

多年来，搭乘游轮畅游海外的愿望终于实现了。经过半年的规划，我在前年安排了一趟海上游轮之旅，从美国西雅图沿着太平洋直航阿拉斯加，外加欣赏极光，这趟 1600 公里海上旅行中的插曲是一段难忘的回忆。

在离开港口的时候，在甲板上看到海水的颜色渐渐变化，从浅而深，时而墨绿，时而湛蓝。同行的轮船上有一个来自以色列的年轻人，一直在玩一台很炫的无人机，我主动跟他攀谈，才知道他是以色列军工厂的研发雇员。小伙子听说我是大学教授之后，兴致高昂地给我看一台售价 1000 多欧元的高阶空拍机，秀出它的性能和续航力。他用导航的方式展示几张照片给我看，像是游轮的空中鸟瞰照以及空拍机飞到港湾上空拍的照片；接着他又打开电脑，展示这台无人机的远端监控能力，在电脑上可以像战情看板一样，清楚地监看无人机在远端飞行的所有状态；随后他在手机上直接设定和锁定两个不同的目标，当无人机飞行的时候，可以针对两个目标同步记录、拍摄，以及监控目标的状态。

最后他应甲板上观众的要求，操控无人机飞离我们大约 1 公里外，从空中拍摄一张停泊于外海的货轮近照。此时我们的肉眼根本无法看到无人机的影子，但是在照片上可以清楚看见船侧货轮的名称，

证明真的飞了 1 公里。无人机回程的时候，电力大约只剩下 17%，我都替它捏了一把冷汗。

像空拍机这样具有监控与导航功能的高科技设备，目前在本土各种产业中都有应用，例如在石化产业，它被用于定期巡视和检查大型结构物的外观，以及定期检查化学物质输送管路是否有泄漏或异常特征；在太阳能绿电产业，它被用来定期巡检数十公顷的大面积太阳能板，监测是否有上方掉落物，如鸟类的尸体等；此外，还有新世代科技厂房中的大型室内设施视觉巡检、电力公司在台风后对高压电塔和线路的巡检等。

有了这些无人机队的参与，我们每天都可以看到定时从停机坪起飞或降落的空拍机在执勤。工作人员采用智能的后端软件，通过战情看板实现预警、监控，甚至呈现详细的监控或检测数据。

数据即时监测 Know-How

■安装物联网感测器

在传统制造业数字转型的改善方式中，制定策略规划时，可以聚焦于近年来普及的**物联网感测器**，将其安装在所有关键制造设备和服务点上已经成为一个明显的趋势。这些感测器能够收集有关设备运作状态、温度、湿度、压力等方面的数据，并将这些数据传送到集中式的**资料库或云端平台**上。

部署云端数据平台的目的在于集中储存和处理来自感测器的数据。这不仅方便使用者即时掌握和分析所有数据，也有助于监测设备和服务的状态。再结合即时数据分析工具，可以**追踪数据的变化并自动生成预警**。这样的工具可以设计成自动检测，异常状况出现时会自动通知相关人员，以迅速应变。

■架设可即时监控的视觉化仪表板

在这个阶段，公司决策者应该对公司在整体产业中的定位有更清楚的了解，接下来需要制定产业转型的路径指引。可以通过协助产业评估整体数字能量，以即时的方式进行公司内部的**生产管理监控**。架设视觉化仪表板是一个不可忽视的趋势。通过**即时的数据视觉化仪表板**，中高阶主管可以根据仪表板上的图表、图形和不同颜色所代表的意思，随时监控所有设备和服务的状态，迅速了解情况。

开发的方式可以用 App 或行动应用程序，让管理团队和工作人员能够用智能手机或平板电脑即时连线检视状态信息，这对于在户外或远距离工作场所的监控非常有用。另外，要确保设备在传输和储存数据过程中的安全性和隐私性，以防止未经授权的使用者连线或重要资料泄露。

这些关键的资料被企业视为未来世界的“新石油”。过去，拥有石油资源的人能称霸世界，而未来，掌握资料的人有可能主导新的世界秩序。通过数字科技和商业思维的整合，员工将能够充分利用资料中蕴含的金矿，协助企业针对现有的事业体做出更好的决策，包括公司专案的成效分析、营销触及率分析、产品线利润分析、使用者族群分类及零售通路分布，并进一步**将这些概念转化为视觉化图表**，以实现更有效的沟通，做出更有效的决策。

数据即时监测具备的含金量

跟老板谈 AI，千万不要谈花钱的 AI，而是要谈赚钱的 AI。过去我在业界常向中小企业老板介绍 AI，我的话很有说服力，因为我跟老板们谈的是赚钱的 AI。

一般中小企业遇到**生产管理需要数字转型**时，总是不知道该从哪里着手。有的专家建议从**进料的数字化电子表单**开始，这需要导入电子秤，并且**对原料仓储进行精准管控**，以提高生产效率。在投料操作时，可通过手机或平板以蓝牙连接电子秤和标签机，扫描原料条码，通过简化的操作界面减少失误率。

老板听了算盘一打，就知道要花费一笔不小的投资，就会说：谢谢，再联络。

我的做法刚好相反，我会建议老板从提高整体设备效率做起。对于中小企业来说，有效的生产是确保获利的关键，只要设备正常运转，就等于在赚钱，设备故障需要维修或是停机，就等于在烧钱。以下提供一个制造业在制程管理数字转型的实际例子作为参考。这个例子老板喜欢，员工也喜欢，而且不需要增加人手（不增加人手的具体做法在主题 3 中会有进一步详述）。

在进行不停机生产时**设备故障**是常见的异常状况。为了减少设备停机造成的损失，业界通常要求员工发现故障时立即通报，然后由维修部门迅速接手处理，在最短的时间内恢复正常运作，因为停机意味着损失。然而，实际执行中常常事与愿违。

我们的做法如下：

我们设计了一个**生产设备异常记录与监测系统**的手机应用程序。当第一线现场人员发现故障时，他们可以在第一时间使用手机 App 通报，例如在 L 厂 12 号机的萃取槽发现了搅拌异常，员工可以叙述异常状况，并附上辅助照片。发现故障即时通报会得到奖励，因此员工对这个系统感到满意。

接下来，系统会自动通知组长，组长可快速在手机上点选同意，将通报转交给维修部门。维修部门收到通报后立即着手前往现场进行维修及检测，并尽快排除故障，让生产设备正常运作。

在这个系统的管理下，每位相关员工都受到同步管理，都能够通过公务手机知道“L 厂 8 号机轴封泄漏已经 4.5 个小时”“N 厂 27 号机流量表故障已经 15 个小时”等异常状态。最重要的是，老板可以随时通过手机上的战情看板，查看全公司所有设备的状态和维修预期完成的时间。这使得相关人员能够以最迅速的方式解决设备异常问题，同时维持生产绩效。

这就是替公司赚钱的 AI。

这里就举与我们每天衣食住行最有关系的食品制造业的真实案例。读者对于煮米饭使用的电锅应该相当熟悉，但是往往对于超市买来的干面或是琳琅满目的熟面制程只有一知半解。对于讲究面食的饕客来说，这些制面机可是大有学问。

客制化与 AI 管控

“面”的制造设备常常让客户感到不满的主要原因是面的品质问题。实际上，问题的核心在于不同种类的“面体”需要不同的制程。由于操作人员对机器不熟悉或对制程参数掌握不足，导致面体在干燥过程中经常出现品质不一致的状况。这样的情况若是频繁发生，可能导致大量的食材浪费，造成难以估量的损失。

一位优秀的食品设备制造业者一直在思考，是否可以将制面机打造成像星巴克的咖啡机一样，能够生产品质均一且可以客制化选择款式的“面”。这位制造业者在制面过程中，为了全面掌握面体水分含量的差异与品质，时常通过有经验的老师傅以手直接接触的方式进行检测。然而，这对于注重食品安全的制造商来说，确实是一个潜在的卫生隐忧。加上近年来食品设备制造业在设备开发上一直着重考量食品安全问题，若能够通过数字科技，将制面机做成像星巴克的咖啡机一样，确实可以成为一个很好的数字转型契机。

升级设备，在可视化平台上控管制程

传统的食品机械制造厂商着重在设备售后服务上，主要关注食材加工过程中制造环境的安全性。但是现今更加重视的是提升食材制程的卫生水准，因此食品机械业已经积极开启自动化与数字化的转型之路。典型做法包括升级食品机械设备以及联网功能，以提高监控制程的能力。通过收集烦琐生产流程的不同参数，在可视化平台上监控这些数据。

过去食品工厂在原料验收、线上品质分析以及终端产品品质分析方面的数据通常需要人工抄写，以致消耗大量人力与作业时间。在整体数字化流程中，首先要导入的是全自动化的温湿度监控。它不仅能够自动调节为最佳干燥模式，还能大大减少因人员对面体掌握度不佳而导致的操作失误。

此外，为了能全面掌握不同面体在相对环境参数下的变化，有必要引入非接触式面体状态扫描装置。这不仅能实现面体生产状态数值的连续记录，还能减少因人为介入检测而引起的中断耗损和卫生疑虑。

此外，生产过程中通过 AI 演算法预测关键参数的异常状态，并即时发送警告，将来有望实现完整的智能化远端监控生产（如图 13）。

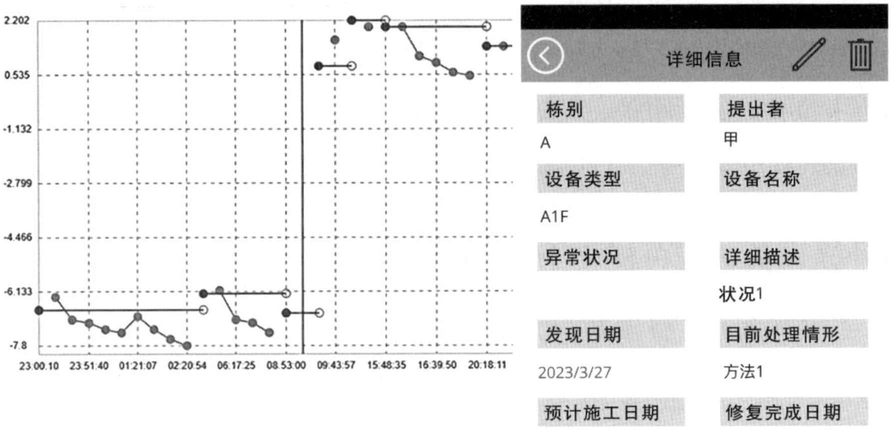

图 13　初步达到数字化后有完整的资料可以呈现在资讯看板及 App 上

用 AI 执行养殖动态管理

再说一个成功案例，这个案例展示了远端监控带来的惊人效益。

屏东地区一位号称养白虾“霸王级”的老板，在我辅导他的养虾场进行数字转型的 3 个月之后，他与我分享了他的“秘密武器”。这位老板透露，他现在能够即时掌握如流水般的数字，都是通过一个手机版的战情资讯看板，例如养殖业最重要的鱼场内的水产养殖日历，而他的养虾场正是利用 AI 做虾的养殖动态管理。

这套系统使用 AI 模型中的时间序列模型，通过在虾池内部使用物联网感测器搜集数据，包括喂食记录、盐度监测、投放益生菌、水源氯氮检测等实际的养殖行为，根据不同时间点预测可能影响水质的关键因素。此外，系统还结合了过去养殖户的电脑化天气资讯经验，以更精准地进行养殖池内的各项工作。有了这样的养殖池战情资讯，再加上一些令人惊叹的功能，这位老板笑着表示，这个数字转型的 AI 秘密武器让鱼场内养出来的白虾，在平均体重、体长、溶氧值等关键养殖数据上都比以前更为出色。

管控汤圆原料，同时兼顾市场需求达成口味多元化

多年前，我有机会和一位台湾地区南部汤圆大王级老板聊天，我们谈到食品制造业的制程和如何将食品安全纳入管理。我们深入谈到汤圆的制作过程，我才意识到食品制造业单一产品所涉及的原物料种类众多。主管机关要求标示原料与成分，再加上营养标示需详尽的要求，这需要耗费大量的人力。若发生原物料缺漏，而订单已经接了，该如何制订生产预备计划？

因此，转型的第一步应该是建立完备的生产工厂物料管理数字系统，确保产品物料的管控数据齐全。当厂商具备应用适当数字工具整合现有资料的能力时，就可以优化生产端的产品。例如，在加速生产多种不同风味的特色汤圆时，使用数字工具就成为突破瓶颈的第一步。接下来，厂商才有机会迈向提升内在体质和运营效能的阶段。

原料仓储管理数字化

对于食品制造业的转型需求，一般拟定的第一步转型方案就是利用数据提升生产效能，改变服务模式。同时，为因应制造人力老化及培育技术人才耗时的迫切需求，采用数字式感官感测系统来记忆职人知识也是可行的方法。此外，可以将生产制程中各流程的经验和

技术转换为数据，通过数据分析协助判断产品品质是否达标，是否需要调整排程或制程，以及是否满足科学化感官品评等，实现稳定制程。

在实现生产关键制程的可视化管理方面，汤圆的制作过程已经显示出端倪。做汤圆不仅要使用很多种原料，连制作工序也很繁复，包括传统的浸米、磨浆、压粿、蒸粿模、揉粿碎、搓汤圆等步骤。导入数字化的物料管理后，可以对产品的进料和领料进行精准管理，数字条码的读码设备记录时间戳记，并将这些数据输入生产履历系统中，可避免人为输入的疏失，全程有效管制生产过程中原物料生产批号、有效日期、加工时间、物料生产序号等。

还可以进一步整合公司的 ERP、订单和库存数据，并且结合生产现场的设备连线和数字化即时报告，包括成品和半成品管理、品质管理、履历追踪、食品安全警示指标、制程可视化管理等方面，进行全方位的数字管理转型。这不仅能给老板提供即时数据，更能引导员工提高生产力。

生产管理监控带来的效益

对于制造业来说，监控机台运作是实现远端管理的重要步骤。以往常仰赖老师傅的经验观察机台运作，但是做法太过依靠直觉，经验不足的现场作业人员无法即时判断设备问题，也无法迅速排除异常造成生产卡关。

通过联网设备，生产管理者可以随时随地从远端观察机台，对所有机台的运作、闲置、故障、关机等状态一目了然，一旦发现异常能及时通报，把握时间排除异常。此外，联网设备具有即时收集和分析功能，能够记录不良品的时间点和数量，计算不良率并分析原因，有助于减少不良品产生的因素，从而提高产品品质（如图 14）。

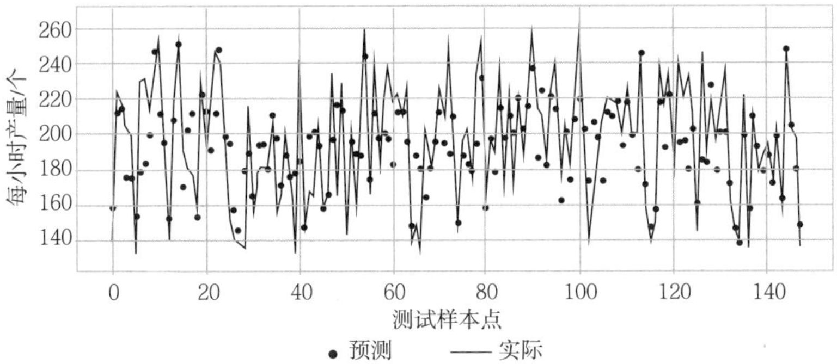

图 14　平板与手机显示资讯看板上即时的监控

传统烘焙业的转型挑战

食品制造业数字转型很普遍的困境就是过度依赖老师傅或职人经验，而且传统手工制作完全仰赖人工，重工比例高，大家熟悉的烘焙业便是一例。

传统烘焙业的自动化程度低，制程仰赖职人经验管控。例如部分烘焙产品在加工过程中使用传统烤炉，且需要二段烘烤及翻面，完全仰赖目视控制烘烤程度，因此造成品质不均。然而使用机械式滚筒烘烤后冷却效率不佳，会导致层层堆积变形且散热效果差；分级与包装未能顺利衔接，甚至采用人工称料，产品包装的尺寸和长短不一，破损率偏高且偏差大，几乎无法大量包装。这样的问题在高龄老师傅体力不济，而年轻人不愿投入的情况下变得更加严峻。

烘焙业数字转型还有一大困境，即新产品开发往往仰赖一两位职人。例如当老板观察到最近客户喜欢葡式蛋挞时，接着就推出一款松露杧果口味蛋挞，主要依赖职人的工艺技巧，相关配方数据仍以经验为主，新产品开发缺乏科学依据，导致上市成功率偏低或成本可能过高而失败。若能应用适当的数字工具并整合经验资料，以尝试错误法优化新产品的试行生产，就有机会实现数字优化。

例如想要开发多元风味与特色的葡式蛋挞，可以根据烘烤瓶颈，分阶段进行生产转型。生产转型的方式可分为两部分：一是关键制程经验的数据化，二是设定经验指标。若尚未导入数字化的职人经验数据，可通过各种环境感测器等数字设备转化为数据。接着，借助数据分析工具和职人的协助调校感测器数据，将技术与知识转化为系统化的资料，进一步回馈生产管控，以提升新产品的稳定性。简单地说，这意味着将过去的“经验导向”转变为可永续发展的“数据导向”。

对于资金雄厚的烘焙业者而言，一旦募集到足够的资金，就有机会引进国外的全自动化数字技术。这样一来，生产流程从原料进货仓储、面团混拌、发酵、成型、烘焙、冷却一直到自动装袋等各个环节均可导入自动化系统。这不但使得生产流程更透明，同时可通过物联网与生产资料数据的整合，实现产销协作的一体化，进而提升生产效率。

酿酒老师傅的经验变成 SOP

另一个典型例子是食品酿造业，涵盖了啤酒、葡萄酒、水果酒、酒精等的制程。随着产品式样与品种越来越多，市场需求扩大，即使蓬勃发展，仍然面临着老师傅经验传承的挑战。

食品酿造业属于人力密集型行业，特别是在手工精酿啤酒领域，依旧以传统手工操作为主，极度仰赖老师傅的经验与技术，一种解决方案是极小化老师傅的知识介入，将大部分制程步骤数字化为标准作业程序（SOP）。

通过数字感测系统记录老师傅的知识，将制程中各个步骤的经验和特殊技术转换为数据。例如导入感测系统以监测关键参数，取代传统的检测方式，达到秒级变化的即时监测；在发酵调控方面，这样的数据记录可以预测产品品质，并建立起自家的发酵数据库。通过对数据的连接分析，有助于建立或判别品质标准，进而调控制程和产品风味。

以酿造缸中的发酵 90 天过程为例，通过取样分析各实验参数，如蛋白质含量、氨基酸组成、抗氧化物定性定量成分、重要香气成分、pH 值等数据，可以建立公司自有的完整发酵数据库。

在欧美国家和地区，红、白葡萄酒的制作更是一门深奥的学问。人类有数千年的酿酒历史，然而真正的变革直到近几十年电脑问世才出现。值得一提的是，在数字转型的浪潮中，一些先进酒厂运用资讯技术、感测器技术和网络，不仅减少了农药使用，对环境友善，还与农民合作进行数字转型。

这种合作的亮点在于数字资料累积的过程中，在特定地点设置感测器。例如每 10 分钟测量一次温度、湿度、日照和降雨量，农民则输入葡萄的各生长阶段和虫害控制记录。研究人员结合制酒老师傅的经验，搜集成熟葡萄的数据，分析其主要成分与含糖量，并通过演算法推论，预测生长周期，找出最佳收获时间。

豆浆制作的最佳秘方

对于许多人而言，早餐最常喝的饮品之一是豆浆，然而很少有消费者会关心从超市买来的瓶装豆浆背后的制程和生产设备。也许你会关心是否使用转基因黄豆、是否添加了消泡剂、是否添加了防腐剂来生产豆浆。

豆浆的制程包括浸泡黄豆、研磨、蒸煮、过滤等多个步骤，如果其中一个步骤的时间管控不当，或是原物料黄豆的处理方式不当，就可能引发连续性的品质问题，甚至可能因为清洁不彻底而引起潜在的食品安全隐患。

为应对这个挑战，豆浆业者已悄悄启动了数字转型的升级之路。他们的转型不仅着重于提升食材制程的卫生和安全，还着重于加快实现自动化，以确保不会中断完整制程。

在豆浆的制程中，部分流程仍然需要拥有多年经验的老师傅手工调整，以确保豆浆达到完美的品质。为了延续老师傅的手艺，在数字转型过程中食品机械制造业者通过与资通信科技的跨业合作，将智能化的监测与数据记录整合到既有的装置设备中，有效记录老师傅在制程上的经验参数。同时，这也使他们能够即时因应制程中外部环境的变异，或是机台运作的变异，进而排除状况，确保食品生产的品质优良与稳定（如图 15）。

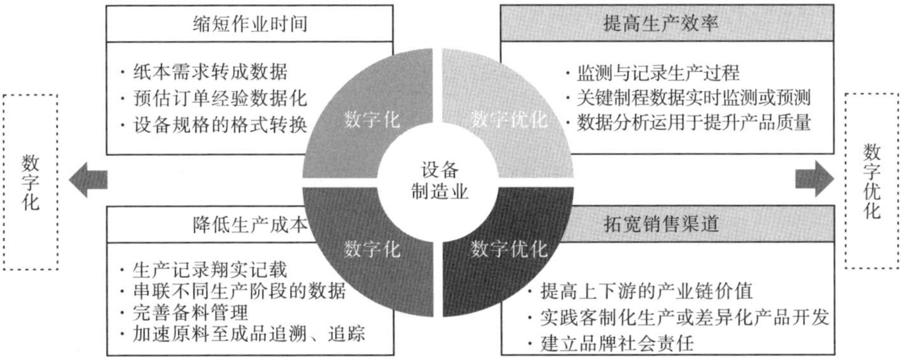

图 15　设备制造业的策略规划

做一个简单的比喻，就像是传统按摩师傅的手技与电动按摩椅的差异。过去豆浆制品的标准制程建立在老师傅的多年经验上，因此需将制程数字化，以设定环境配置和相应程序。例如，在浸泡黄豆的制程中，数据参数的来源包含流量计、温控器、热水阀门的启动和关闭、水位计、电压和时间等。收集了老师傅的多年经验后，再结合设备参数进行记录与即时监控，让主要数据参数（如温度与湿度）维持在精确状态。数字转型后，通过回归演算法验证经验数据化的呈现，通过数据收集逐渐将老师傅的经验转换成合理的数据，以降低人为或设备运作因素对制程的影响，例如黄豆含水量不足或口感品质不一致的问题。

同时由于黄豆来自不同地区，其品质差异可能会影响豆浆的口感，这也应纳入导入设备的参考学习中。这样的 AI 化制程导入在整体生产流程中的一个关键因素是浸豆槽的温湿度监控。为了能掌握不同浸豆过程在相对环境参数下的变化，同时连接到周边控制设备的运作管理，制程将会更稳定可靠，并确保产品品质的一致性。

通过数据收集进行最佳化泡黄豆时间的趋势分析，并代入数学回归曲线进行非线性预测演算，以取得最佳泡黄豆制程参数。同时预测出最佳化泡黄豆时间趋势的经验曲线，达成以 AI 技术还原老师傅大脑中的经验，以完美控制生产制造的程序。这不仅能监测并判读影响豆浆制作关键因子的偏移值资讯，还可以通过即时通知工具（如 Line）通知相关主管制程发生的异常资讯，使得生产更接近零缺陷。

鞋垫王国的二代接班故事

这里来说一个精彩的二代接班故事，故事发生在传统制造业中专门生产鞋垫的一家公司。这家位于台湾地区中部，具有数十年历史的公司，不仅生产优质鞋垫，也是国外知名品牌耐克以及阿迪达斯采用的高阶发泡透气鞋垫的主要供应商，每年生产超过 500 万双鞋垫。当公司在运营规模上取得里程碑式的成就之后，掌门人有意培养下一代接班人，也就是他们的宝贝女儿。

二代接班人以其卓越的能力成功接手企业，并致力于全面的数字转型，彻底对管理、生产以及业务部门的各项工作进行变革。

在策略规划的初期，她先通过教育训练和沟通，与掌门人共同说服员工数字转型是必然趋势。接着她制定出具体策略，以优惠的条件鼓励客户、上下游物料供应商及内部员工积极参与数字转型，这也彻底变革了公司的管理方式。

初期在形塑产业转型的路径指引时，公司的目标定在对生产设备的指标性数据、机台闲置预警、设备稼动率、品质数据等进行分析，呈现在关键产线资讯战情看板和手机应用程序上，以解决公司内部资讯不透明、难以掌控生产线上产能状态的问题（如图 16）。同时，这些数据能帮助公司与主要客户及供应商保持良好关系，并预测产量和良率等结果。在产品不良原因分析方面，还能进一步分析特定问题，例如鞋垫加工瑕疵是裁切不良，还是冲孔不良造成的结果，并能追溯到是生产线上哪一型机台引起的。

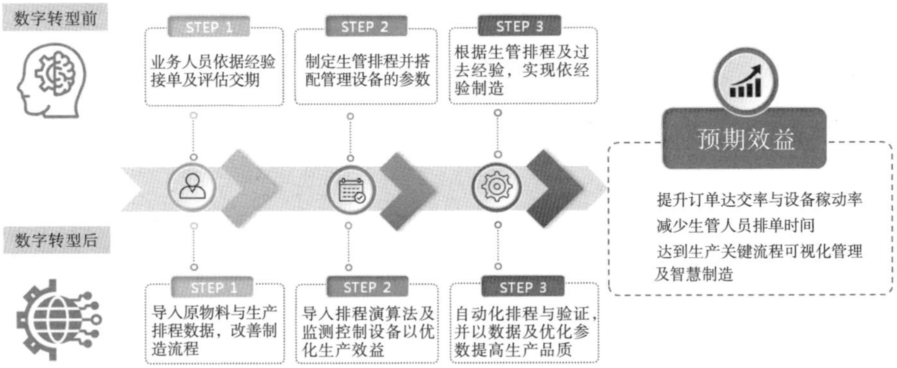

图 16　传统制造业的数字转型路径

半年下来，这些目标不仅达成了，还成功建立了一个可获利的新商业模式。公司不仅实现了现有产品的多元销售方案（不仅做到 B2B，还做到 B2C），还增加了营收，同时完成了供应商询价与内部预警库存管理，减少了泡棉原料的待料成本。这个转型还实现了过去一直无法做到的主要客户双向沟通，例如球鞋鞋垫的打样设计，降低了初步设计与打样的差异。公司也可通过线上专案进度查询管控订单并追踪配送物流。更令人振奋的是，建立的 AI 版 CRM（客户关系管理）系统优化了主要客户在交货后的咨询工作，提升了客户满意度，使下订与交货成为美好的体验。这个“顾客体验”不仅提升了产品与服务质量，还让使用者感受到与公司使命的连接，形成所谓“买故事”的情结。

这个故事最令我印象深刻的是第二代接班人的睿智。在数字转型的过程中，她同时协助公司申请成为环保绩优厂商，并取得碳足迹盘查验证，实现与国际同步 ESG（环境、社会和公司治理）永续发展的目标。

主题 3

缺乏资讯技术人才如何进行数字转型?

中小企业普遍缺乏具备资讯科技能力的人才，如何有效运用有限人力进行转型是一个很大的挑战。我们可以借鉴历史上以寡敌众的例子，例如空城计，来实现少数人当多数人用的效果。

空城计是一种心理战术，其核心是以虚敌实，故意显示出不加防守的样子，使敌人难以揣摩实际情况，误判实力。应用在数字转型上就是一人当百人用，也就是人加上 AI 的人机协作。

人机协作的 Know-How

传统产业始终需要面对一个困境：当缺乏廉价且充沛的劳动力时，如何依然能生产出品质优良的产品？更现实的问题是，中小企业普遍缺乏资讯技术人才，然而我并不认为这会构成延迟数字转型的理由。

台湾地区已迈入高龄化的社会，这是不争的事实。产业需要的青壮年人口已明显不足，短期内确实没有解决方法。以务实的观点来看，唯有让产业科技化，减少需要操作的中低阶人力，改善工作环境，提供中高龄人口相关的职业培训，才有望补足产业的劳动力需求。

企业应在制定策略规划时盘点和规划可使用的人力，并配合以下方针，以有限劳动力达成数字转型。

1. **工作流程自动化**：经过先期的策略规划后，决策者将更清楚公司可掌握的有效人力，自动化工作流程的优势在于利用数字工具重新设计自动化流程，以替代传统人工。

2. **机器人流程自动化**（RPA）：转型路径指引定调之后，需充分评估产业内外的数字资源，考虑引入科技和机器学习软件技术，以替代重复、冗长及容易错的工作，进而减少对人力的需求。

3. **人机协作**：具备即战力、愿意改变思考方向的人才，搭配重新设计的电脑软件，实现人机协作，使一个人能够发挥相当于三个人的整体数字能力。

4. **产业数字化和 AI 化**：转型的重点在于利用数字科技、自动化和 AI 学习，通过引入自动化工具和机器学习技术，将人力需求降至最低。

5. **专业经验易于复制**：过去专业人员习惯以口述传承经验，例如口语或文字形式的“店长交接关键手册”，实战经验难以复制。企业内部数字体质转型后，交接指引将包含明确的事件指标、运营指标或预估指标，反映即时生产力或业绩的科学基础，实现专业经验的数字复制。

人机协作的效益

在国外已有成功利用线上机器人辅助执行招聘的案例，以 AI 系统进行面试，侦测细微表情，初步判断个性及特质，排除不适合的面试者，不仅节省了人力资源部门的编制人力，也提高了招聘效率，让招聘人员使用数字工具，在不降低工作品质的情况下，成功招聘到足够的新员工。

人力资源部门在数字转型中扮演重要角色，可通过数字工具协助各部门主管简化年度考评作业。数字化的考评作业包括在平时专案指派、期中检视和期末结案，根据每季各单位的 KPI（关键绩效指标）进行评估，并将考评成绩和文字描述完整记录在员工档案中。这样的数字化流程节省了大量的人力。

同时，**人力资源 AI 系统**能结合外部资讯，如人力市场的竞争状况、员工专长的评估，通过内部渠道通知直属主管，识别优质员工并建议加薪和配股以提高员工向心力。此外，人力资源 AI 系统也能辨识出潜在的负债资产，提醒高层做出相应安排以有效管理人才。

另外，在业务部门，数字转型带来工作流程自动化的好处。过去市场订单处理与派工需要耗费大量人力，现在通过工作流程自动化的软件工具，市场营销部门可以更有效率地处理这些业务。这种**人机协作或人机一体（人机合体）**的工作方式，可以让业务同人成功完成更庞大的工作量，不仅能节省人力资源，还能提升工作效率。

人机协作的终极目标：省人省钱

前文主题 2 中提到，使用数字化设备管理系统进行制造业厂房的全部生产设备异常维修管理，可以通过手机上的战情看板随时监控，也就是利用低代码/无代码（Low code/No code）软件技术，不需要庞大的 MES（制造执行系统）系统，或是复杂的资料库或云端平台。其实只要通过像是 Microsoft 365 Power Platform 的工具，无须额外聘请资讯专家撰写 App 程序，就可以对外宣称“我们已经拥有 AI 平台”。

接下来的挑战是，如何对内部员工进行观念和**数字技能发展的**

培训。企业主应该意识到，投资于培训和技能发展计划以提高现有员工的数字技能是最划算的。这包括提供线上课程、工作坊和培训课程，帮助员工获得所需的数字技能。以下列举三个夕阳产业的案例，看它们如何通过数字转型成功吸引更多年轻人才投入。

种番茄型男青农与数字转型

联合国预估在 2050 年，全球人口将接近 100 亿，需要增加 70% 的食物生产以应对需求。面对日益贫瘠的土壤，传统农业已难以应对，必须引入新工具，而这个新工具正是“**数字科技**”。经过数十年的革新，农业应用机械化进行快速耕作、化学施肥、基因改造作物或应用其他新式育种技术提高生产效率。未来更需要聪明的科技农夫，以数字科技创造更高的农业价值。

科技农夫接班

科技农夫已经不再罕见。一群过去可能从事高科技行业或营销保险工作的年轻人，如今返乡接班（田），投入了农业的行列。有些人是因为职场压力，有些人是想实现年少时骑在牛背上的梦想。

这一群“智农”不再是戴着斗笠弯腰拔草，而是手持智慧型手机当遥控器，指挥无人机进行农药喷洒，通过 App 监控农作物生长，或戴上 AR（增强现实）头盔比对水果园的病虫，快速应对潜在的病虫害灾难（如图 17）。

农业数字转型的发展过程中，势必会以现行农业生产模式为基础，采用省工省力的机械设备、辅具和感测元件。同时结合跨领域的

图 17　科技农夫在远端操作无人机喷洒农药

资通信软硬件 AI 技术，例如物联网、大数据分析和区块链等：一方面减轻农场人力负担，减少单位面积所需劳动力；另一方面提高农场经营效率，同时满足市场需求，生产符合消费者需求且**安全可追溯的农产品**。

农业的数字转型本质上是利用资讯、网络和数字技术，搭建一个跨越时空的架构，将传统辛苦、亲力亲为、仰赖经验的产业转变成专业度较低、经验易于复制、流程透明的中度科技产业。这将使得农业工作环境更加友善，也提高了对年轻人的吸引力。

农业数字转型的智农第一、二箭

在农业数字转型上可射出的第一箭，就是**使用机械设备或感测元件**辅助农业工作。农业机具可以大幅降低人力成本，例如在日本已经有成功利用机器人采收草莓、番茄和苹果的例子。在未来，也可借由智能农业机具协助种植及采收凤梨、西瓜等作物。

巡田机器人则使用无人机详细记录株数、茎宽，以推断植物养分是否充足，它能通过激光探测与测距感应器，提供不同形态的资料，并进一步分析作物的生长状态。无人机也能应用在农药和肥料的喷洒上，通过 GPS（全球定位系统）技术精准执行喷药计划，同时记录采收路径，协助农民规划后续工作。

第二箭聚焦在**建立有效的 AI 害虫监测系统**。虫诱捕盒内置摄影机，可以即时回传影像数据，用于分析害虫的数量和密度。这个系统还能够通过平板电脑观察每日害虫数量和分布趋势。更进阶的是利用完整影像记录，配合田间环境感测资讯，预测害虫族群的迁徙模式，并计算农药和肥料的喷洒范围。

过去台湾地区曾针对危害本土果园作物的害虫，如东方果实蝇与斜纹夜蛾建立了植物疫情监测网。这项监测系统结合了定位技术，有助于监测农作物害虫并进行预警，以更有效地控制害虫疫情。

志明的奋斗历程

我曾因缘际会认识一位过去在保险业服务，个性相当害羞的型男青农志明。他在台中长期工作不顺利，后来转业回台南新营老家农作。刚开始种的农作物遭遇天灾、台风以及虫害的肆虐，几乎是有种无收。几经摸索后，他专门种植有机无虫害的盐地番茄，并通过数字监测等科技手段进行调控。他坚持不使用化学农药，注重环保和友善环境的价值，这使他的农作物成功获得乡亲及大型青果公司的肯定。

从这个故事可以看到，农业数字转型可以为典型的夕阳产业注入新活力，把科技引入农业，减少人力成本，提高生产效率。自动化并不表示将全部事情交给机器去做，而是让机器去完成耗时耗力的工作，例如除草和喷药。而农夫可专注于其他如验收、问题处理等需要人力的工作。这样一来，原本需要花费 3 小时的作业，可以在 20 分钟内完成。人机协作可以如此顺畅完成。

外行农夫搭上转型列车

欧美先进国家和地区因人力成本高，早已积极进行农业数字转型，加强基础建设，以因应未来的粮食需求。台湾地区的农业也面临这种趋势，迫切需要数字转型提升竞争力。

传统农业常受到天候影响，农作物收成只能听天由命，但现在已经有许多数字科技，可以用于提高生产量、降低种植风险与优化管理，还可以协助整体农业经济的决策，使其更具灵活性。

在农产品流通方面，过去的产销通路一直不透明，所幸后来有像是全联的契作计划，将产地农场、管理中心和总部串联在一起，实现了生产计划、采收、包装、配送、安全等方面的全面管理。由总部负责提出栽种品项、数量、营销计划等需求，并对各契作农场进行品质把关。这样的系统让农产品从田间到餐桌上的每一个步骤都得到科技的支持，如果说未来有一天农业会变成高科技产业，也不会令人吃惊。

农业数字转型的智农第三箭

农业数字转型的第三箭射向了**科技记录与优化可传承的经验值**。

过去传统农业使用稻草人吓走鸟类，并且倚靠农历的节气施作，现在这些逐渐被环境感测器取代。这些“数字分身”感测装置不仅提供即时资料，还可收集环境的土壤检测（湿度）、温度感测数据，包括雨量、阳光、风向、风速等，通过电脑系统分析，农民只需通过手机或平板电脑，就能随时了解农作物生长情况与土壤养分含量，并规划灌溉时间和采摘时间。

以科技方式将种植决策资讯化，农民能根据农作物生长情况和环境条件调整农务设备，还能累积环控设备的经验值，再经过性能优化，就能提供最佳栽培模式与更准确的操作方式。这些经验值可用来提升生产品质与产量，并有机会突破环境限制和气候异常带来的风险。尽管收集农业数据是一个动辄以年计的累积过程，但是这种特殊的经验值模型有助于长周期推论。

我认识一位年轻人，大学毕业后在台北的一家药厂做市场营销工作多年，虽然家里有不少良田，但是他长年未回乡。转折点是他的健康亮起了红灯，因此他南下接下父亲的田地。在这片田地里，他竟然找到了属于自己的天空。

他根据农作物生长环境，意识到需要客制化的 AI 模型和在地数据。经过一段时间的努力后，他成功复制了父亲的经验值，设计了感测器当作数字化的第一步。在父亲的指导下，他迅速建立了精确的 AI 模型，用于收成预测分析。这又是一个成功的案例，表明不需要高深的专业经验也可以实现数字转型。

农业数字转型的智农第四箭

农业数字转型的第四箭瞄准了与全体民众息息相关的**农产物“生产溯源”**。建立生产溯源的目标是通过农产品包装上的 QR 码，让消费者能够查阅完整的产品资讯，包括种植过程和运送过程是否符合卫生和冷藏标准，确保食品安全资讯公开透明。

随着食品安全问题受到消费者重视，认证标志和农产品生产溯源成为把关食品安全的可能途径。自动化条码读取器和物联网工具的导入，使得年轻的智农或高龄的农友能够更方便地自动登录，甚至可以选择使用区块链认证，让种植过程透明化，而且数据不可窜改。

完备的产销履历制度也让消费者能够查询农民的生产记录，并能确认资料是否符合规范。农民则可以了解自己的农产品销往何处，甚至可串联至销售价格和数量，计算是否合乎种植成本，下一季度可迅速根据市场需求选择作物。这让农民种得放心，消费者买得安心。

夕阳无限好的纺织业

纺织成衣业是典型的传统民生产业，也是大众生活衣食住行中第二重要的产业。2022 年，台湾地区纺织成衣业全年营业额为 5045 亿元新台币，属于中大型产业的规模。近年来由于市场结构改变、技术进步、劳动成本增加，成衣制造业者外移至工资较低的发展中国家或地区，导致台湾地区纺织产业萎缩，被视为“夕阳工业”。尽管如此，台湾地区仍有约 3000 家成衣及服饰品制造商。

然而科技和数字转型为纺织成衣业带来了机会。自动化生产设备提高了生产效率，减少了人为错误和资源浪费，数字技术的发展提供了更多的创新和设计空间，如虚拟现实技术和扩增实境技术的衣着购物体验，让消费者在虚拟环境中试穿衣物，获得真实且互动性十足的购物体验。

数字科技也增加了成衣制造的弹性和个性化的设计，制造商可根据消费者需求客制化衣物，降低库存和过度生产的风险。穿戴式技术融入衣物，可提供健康监测、运动追踪、多元支付等功能，同时保持舒适和时尚。

民生产业模范生的转型契机

台湾地区纺织业经过多年努力摆脱了代工模式，由低成本织品制造商进展为高单价机能性纺织品的领道者，台产的机能纺织品遍及全球。近年来，高科技合成服饰崛起和快时尚兴起，导致纺织产业趋向短链、少量多样。为了维持竞争优势，台湾地区需要利用数字科技提升成本效率，以满足市场需求变化和交期缩短的挑战。

然而服饰需求的预测陷入困境，以一家中大型纺织公司为例，每周预估单品数量皆超过数万笔，但仍然靠人工半自动提取需求资讯。由于预估单品项相当繁杂，难以快速处理每周的大量预估单，需要业务单位协助转达生产与原物料采购需求，以确保未来一个月每个品项的生产数量和原物料需求。

此外，由于查验和比对困难，以致无法快速有效处理不同预估单的差异。实际上通常需要 2 天的人工处理时间，假设是 7 天交期的订单，扣除生产和运送时间，业务员只有 3 天时间与客户沟通和确认差异。

少量多样化生产趋势导致品牌差异化的品项增加，备料时间过长可能导致生产线缺料。因此，在设备调整与原物料准备方面，往往需要更长的前置安排时间，企业无法从单次的预估单来确认未来的需求，目前多依赖过去的经验法则。这可能导致备料不及时、库存过高等产能调度上的互相关联管理问题。

在工厂生产上，机台排程面临客户订单变更、取消或急插单等应变情况，经常导致生管与产销协调上的问题，尤其在针织机台的生产排程上。

虽然大部分业者早已导入 ERP 系统，将烦琐和重复性高的工作系统化，但是在生产自动化方面，导入 ERP 系统仍然面临挑战，尤其出现在订单的即时性和正确性上。成衣厂业务单位的订单输入复杂容易出错，当订单资料未及时且正确输入时，后续可能需要花费数倍人力来修正问题。

AI 助攻实现纺织排程自动化，并节省大量人力

对于纺织成衣业而言，生产管理单位与采购单位都仰赖业务单位提供订单预估数，用以规划生产数量和备料。因此，业务单位转型的首要步骤是清理和数字化所有需求预估的相关资料，例如产品代号、委外厂商、交期、最后回厂日与回厂数量等资料，并进行资料格式的转换。随后可以运用 AI 技术来优化内部流程，例如使用决策树做初步分析，以预测品牌下单的订单，或基于物料出货资料来预测库存需求。其他方面像是生产预估天数和延误天数等，也可进行预测。

另一种提升生产效能的方式是准确预估原料数量，这不仅可以让业务单位提前备料，还可以降低原料库存成本。因此有必要规划一套 AI 库存预测模型来预测原料需求量。这种模型可以对客户预估单的资料进行特征分析，将获取的特征加入资料库，然后通过这些资料进行建模，以得到订单预测的 AI 模型。

当应用 AI 技术优化纺织或针织场域制程的排程时，首先需要开发智能选机排程的决策模组，以系统化及科学化方法取代老师傅的

经验。这样的模组可以在动态模拟当下生产状况改变后，即时提供排程建议；随着排产决策加快，可以调整最佳的配置，提高产线效率，最终增加产值。

此决策模组以生产线上现场和历史数据资料为基础，通过分析数据萃取决策所需的关键资讯，计算最佳的排机建议表，例如根据预测机台改机所需天数，提前选择使用哪个机台生产，从而降低改机时间，实现机台分派配置决策自动化和优化（如图 18）。

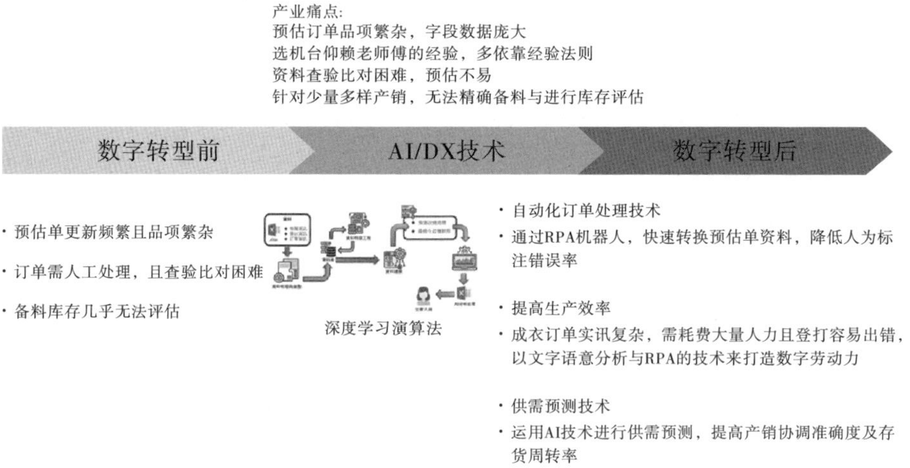

图 18　传统纺织成衣业的数字转型

数字转型后的纺织业成为潮流产业

IT 资讯厂商在协助纺织成衣业者的订单与生管流程的数字转型方面扮演了关键角色，将原本由人工进行的订单确认、需求预估、上机排程等流程数字化，通过 AI 演算，提供各项生产与运营数据，协助工厂优化经营绩效管理方案，确保业者获得最大效益。

此外，一些纺织成衣业则采用机器人流程自动化（RPA）技术来建立复杂的订单流程自动化管理。这种技术可以自动处理订单资料，并将其转换成特定资料格式（如 Excel 档案），再转入现有的企业运营系统，如进销存系统或 ERP 系统，或储存到订单资料库，以降低人工作业错误率，并提高订单处理效率。

业界的做法是以流程自动化技术，通过模拟人的手在电脑上操作，包括键盘和鼠标的输入等，取代业务人员的亲自操作。RPA 的背后由 AI 模组控制，AI 学习了人工的操作过程，能够自动执行特定操作，例如查询客户资料、下载文件、读取文件、发送邮件等，或驱动特定系统操作流程，甚至可启动 ERP 系统进行检核，或进入其他的管理流程，像是检核判断汇入的内容正确性；若是订单系统需要签核，则会抛转进入电子签核系统给相关人员，或是同时进行其他工厂的备料及生产程序。

过去纺织成衣业者主要以 OEM（原始设备制造商）代工为主，专注于生产，缺乏设计和开发能力，产业在过去相对隐形，而如今快时尚品牌利用数字转型彻底改头换面。从接单生产管理到成功的电商营销，每个步骤都是通过数字手法实现。业者不仅从资料中挖掘需求，还强调“轻奢”概念，把时尚和潮流结合在一起，很快就打入了年轻人的市场，使革新的纺织业成为潮流产业。

主题 4

如何熟悉消费者偏好，建立产品口碑以累积忠实客户

台北市某大学的学生曾意外惹出“白饭之乱”，让网络上的民众看到消费者到底在想什么。所谓的口碑与忠实拥护者，在数字化的世界里究竟扮演了什么样的角色？

熟悉顾客的 Know-How

任何产业都应该实地做消费者心理分析，深入了解**大众或小众市场的需求**。通过周期性和不定期的市场研究，做**消费者调查**、**重点小组讨论和数据分析**，企业能深入**了解消费者的偏好和行为**，把握市场趋势，**调整产品和市场策略**。

企业可以在制定策略规划时，着重利用创新科技与数字技术在客户关系管理（CRM）系统上。一般产业使用 CRM 系统追踪客户的交易和互动历史，有助于建立客户个人档案，提供更个性化的服务。

在这个过程中，聆听客户的声音至为关键。**建立适当的客户回馈机制**，包括问卷调查、社交媒体监测和客户支持的回应，有助于深入了解客户的意见和建议。与客户的定期互动不仅仅限于销售时，也包括日常的问候及嘘寒问暖。这种互动可以通过定期的电子邮件、社交媒体互动、参与网络论坛等方式实现。此外，还可利用数字工具来实现，像是个性化和客户分群，可将客户区分为不同的市场群组，以个

性化的营销手段提供客制化的产品，以**满足每个群组的特定需求**。

维系消费者的情感以提升品牌效益

经过完整的策略规划，此时公司决策者应更清楚公司在整体产业中的定位。到底要做热炒店，好吃又便宜的快闪店，还是能满足饥饿感的炒饭店？接下来的关键是要形塑产业转型的路径指引，评估内外部可操作的数字资源，善用**整体数字能量**，深入了解**消费者偏好**，并成为有**良好口碑的商家**。

在品牌建立方面，决策者首先要建立一个引人入胜的**品牌故事和价值观**，使**消费者产生共鸣**。举例来说，若定位为“就是怕你饿的炒饭店”，在校园附近会有广大的消费者。此外，品牌应该传达企业的价值主张，反映消费者关心的事情，以建立**情感联系**。例如，爱惜地球善待环境的企业理念能吸引到注重环保的消费者。

企业能成功建立品牌和吸引忠诚客户的关键，在于**提供优质、独特和有价值的产品或服务**，并不断提升产品品质和服务水准。

餐饮业的数字转型契机

餐饮业因为进入门槛低、易于模仿等特性，市场趋近于饱和，同业竞争程度日渐加剧。因此提升品牌形象对餐饮业而言至为重要，但是消费者是否已经在近年的食品安全事件中对形象好的餐厅产生了足够信任，愿意放心把食物放进肚子里，仍是一个未知数。

食品安全考量是餐饮选择的重要因素，但消费者还需考虑其他复杂因素，如个人饮食偏好、愉悦的体验，以及个人生活模式。因此，一家出色的餐厅须具备吸引顾客的因素，而这些因素超越了明确的客群。

许多餐饮业者逐渐意识到数字转型的前景。过去使用中央厨房的餐饮集团规模扩大后带来了综效，不仅可以降低成本，还能整合产业链上下游资源，延伸价值链，实现边际效应。

然而，要如何利用数字转型迅速扩张？

分店如何迅速复制、迅速扩张？

■从数据中了解顾客习性

理论上，数字转型具有立即创造高速成长的潜力，这是电脑化最大的优势之一。店长或经营者可以通过战情资讯管理看板即时掌握营业期间所有关键指标的动态，包括菜色品项销售和流通状况。这样的数据分析使得复制分店变得更加明确，例如把台北市忠孝东路的分店迅速复制到台中市七期的高级住宅区附近。有了数字转型的经验，餐饮业者能够迅速扩张，从原本一年开一家提升到一年开十家，甚至二十家分店，进入高速成长期。

尽管餐饮业属于典型服务业，店家仍须做好顾客关系管理，确保忠实顾客回流。随着数字科技崛起，餐饮业者需要了解数字营销工具。举例来说，新开的餐厅可能需创建自己的粉丝团、管理 Google 评论，通过营销活动将线上客户引导到实体餐厅。此外，与外送平台合作，分析店家流量和销售数据，通过 Google Analytics 报表与 Meta（原 Facebook）粉丝专页洞察报告进行经营模式的优化也很有必要。

然而，形成品牌优势、建立口碑和品牌护城河等具体做法则是各家餐厅的秘密武器。以王品集团为例，品牌涵盖了西式、日式、中式以及火锅、烧肉等超过30个不同的餐饮子品牌，每个子品牌各有特色，是一个卓越的成功案例。

■导入AI演算法梳理消费者偏好及行为样貌

过去通过官方网站营销、Google关键字与Meta广告是基本的营销手段，现在借助数字科技，营销效益得以提高，品牌知名度进一步提升。

像是利用网络爬虫及RPA技术，通过网络机器人进行资讯搜集、语意分析、关键字获取和自主学习协助做商业决策成为新趋势。餐饮业可根据愿景或目标，在产品宣传、营销科技、数据统计和流量创造等方面不断优化（如图19）。

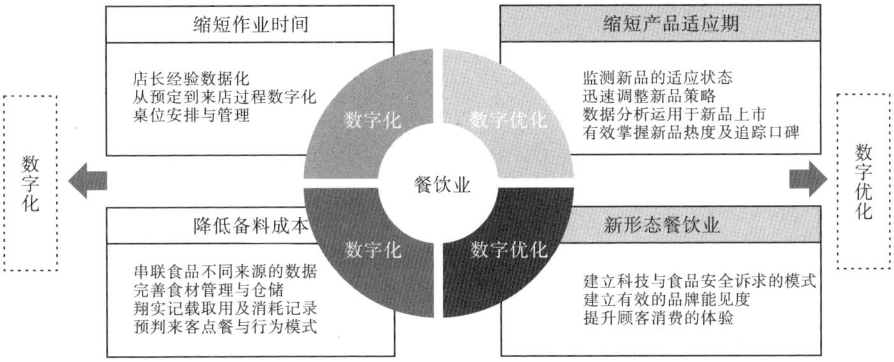

图19　餐饮业的策略规划参考样态

同时，为了提升品牌形象，必须深入了解消费族群的需求。了解他们在意的是价位还是健康，即所谓的消费者感受点。价位可以通过市场情报搜集来决定，而健康问题更复杂，可能涉及低卡、低GI或肉品来源等。进一步了解消费者进餐厅前的期待、讨厌的因素，最近的餐饮流行趋势，以及如何培养顾客成为品牌的忠诚拥护者，都是营造品牌形象的重要因素。消费者讨论节奏与品牌跟进速度之间的落差如何解决，都是 AI 技术可以协助的切入点。

通过数字科技和 AI 演算法技术，无须小编介入，就能够针对主题自动挖掘资讯，这些资讯可以通过网络搜集，定时自动生成品牌自媒体报道文章。同时进行广泛的潜在受众生活习性分析、网络声量排行、忠实客户数据分析比对，辨识高热度的热门菜或主厨推荐私房菜，让消费者在进入餐厅前，有熟悉及对焦后的清晰感。

此外，利用社群媒体和内容营销，技术上利用 AI 演算法经营客群常使用的社群媒体平台和与餐厅相关的内容营销来建立品牌存在感。通过与消费者互动、分享有价值的健康议题内容，回应消费者问题。最后，通过监测阅读者指数的成长与衰退，精准投放扩散至有效社群，计算曝光率，创造口碑声量，成功提高餐饮品牌的能见度。

餐厅蟑螂事件的危机处理启示录

危机处理得当可培养忠诚客户。

餐饮业发生意外事件时，快速反应并部署精准营销策略至关重要。运用数据分析和推播监控舆情也是有效的应对方式。

以一家五星级餐厅的蟑螂事件为例：客人从刚泡好的热茶壶中倒出一只蟑螂，餐厅经理及时出现并做危机处理。他以诚恳的态度道歉，承诺厨房加强清洁，并在客人用餐后免费招待甜点和主动给予八五折优惠。这样的处理不仅安抚了客人，还转化为正面评价，营造了良好的品牌形象。

危机处理的成功与否直接影响客人的满意度和对品牌的信任度。

若是处理不当，可能引发客人投诉和负面口碑。反之，危机处理得当可避免潜在的公关危机，提前救火，转化为正面评价。该餐厅经理可能会在事后立刻在网络上进行舆情监控，以防止不当的事后效应。

自动化 AI 舆情搜集与竞品分析

在进行舆情监控的过程中，应用 AI 演算法导入大数据可以提前预判，并转化为老板看得懂的可视化或量化报表，以提供商情决策。这不仅能有效缩短产品投入市场后的适应期，降低失败概率，还可以减少品牌信誉受损的风险。

对于餐饮业来说，成功的关键因素之一就是市场情报搜集与舆情分析。由于传统市场调查成本高昂，餐饮业者需要持续与消费者互动保持市场热度。然而，用餐消费者的喜好、消费行为和热门议题不断且快速变化，传统的市场调查需要耗费大量的人力、时间和费用。因此，舆情分析结合大数据技术提供了更迅速的市场情况回馈，有助于餐饮业者更灵活应对，缩短新菜研发和推广的反应时程。

运用 AI 演算法技术自动搜集各种网站资讯和舆情数据，进行系统化的语意分析和意图理解，有助于掌握市场风向、正负面评价。这解决了以往需要投入大量人力与时间做市场调查的问题，并在特定或不幸事件的危机处理上迅速提供商情判断，以减少品牌信誉受损风险。

对餐饮业消费者行为数据的精算与掌握，有利于未来餐饮通路的整合管理，同时促进朝连锁店转型发展，以提升品牌总体业绩。通过消费行为数据，可以精算出基本客户的喜好，进而区分不同的分众市场与目标客群，满足分众市场需求，逐渐扩大品牌影响力。

■数字转型的成功因素藏在细节里

从另一个角度来看，这类数字解决方案也扩大了对客户的效益，是一种良好的沟通工具，有助于将消费者的需求痛点有效传达给餐饮业者，使餐饮业者与消费者之间的互动更加紧密，避免新品策略错误、销售状况不佳等窘境。此外，对于合作伙伴，例如连锁店加盟主，建立良好的品牌形象可降低前期营销曝光和推广的成本，进而协助加盟连锁店在合作后取得稳定营收。

餐饮业数字转型可结合 IT 资讯科技与演算法的应用，这有助于消弭品牌与消费者之间的认知落差和距离。这些看似简单的 AI 系统搜集、整理、分析情商并推广，有助于形塑崭新的商业模式，不仅能节省餐饮业者的营销人力和降低无效广告的投放成本，还能衍生更多的商机（如图 20）。

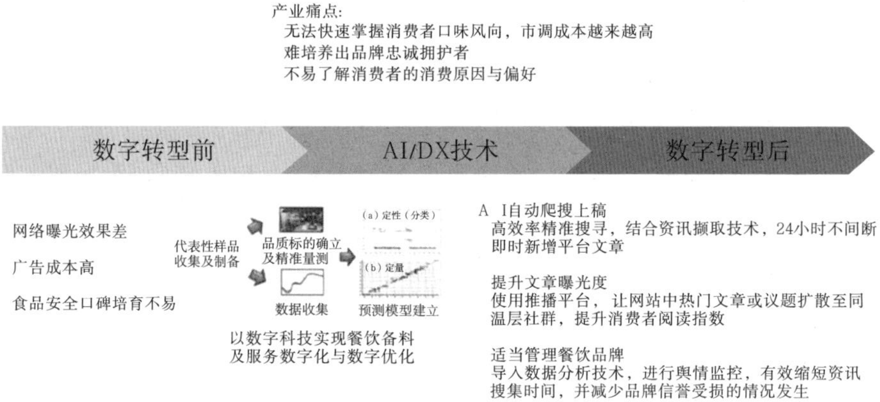

图 20　餐饮业数字转型

将这样的数字技术应用在其他服务业中，特别是以消费者服务转型的方式，有助于解决营销运营的痛点。这包含应用智能型对话机器人技术与顾客的线上互动，或广搜公开数据，通过与运营数据的加值，依据数据分析结果做出决策。这种转型将运营模式从业务单向卖产品或老板决策新产品转变为根据数据理解顾客行为与偏好来客制产品。

鼎泰丰就是一例，它的成功哲学是“既然是做小笼包，就把小笼包做到最好”，这种专注于品质和客户需求的经营理念，使其屡屡获得《天下》杂志金牌服务业调查的前三名。另一个成功案例是云品集团，它采用多角化经营，在疫情防控期间推出浪漫的公路之旅 VANTEL，以“豪华露营概念车打造移动的饭店”，成功满足了顾客对于独特体验的需求。

在制造业的数字转型典范中，社群媒体与顾客互动等方式也被用来优化营销推广策略，并将顾客需求回馈到生产制造端，以改善生产及产品客制开发效能。

市场情报传递如战场上的“五何法”

10 年前发生的塑化剂、食用油、黑心食品等食品安全事件引起了台湾民众极大的关注。问题肇因于资讯的不透明和市场情报的混乱，像是可溯源、在地食材、生产履历及生产过程中的碳足迹等资讯的传达不良。

在台湾地区，食品制造业厂商约有 7000 家，从中小家族企业到资本额上亿的食品公司皆有。其中中小企业占了九成以上，使得竞争变得非常激烈。这样的市场特性要求更精确的资讯情报管理，包括“何人、何事、何时、何地、为何”等方面。

在食品制造业者中，中小企业通过数字转型获得的效益包括制造数据的管理，以及建立自家各项资讯分析的能力，这不仅提高了竞争力，还有助于优化营销推广策略、理解顾客行为与偏好，并且微调或最终改变原有的商业模式。

在营销运营模式上，食品制造业者仍以传统业务营销为主，缺少顾客喜好数据，对于客诉反应不够敏感。顾客喜好往往由经营者决定，使得企业无法掌握消费趋势，进而影响回应顾客需求的速度，无法在产品生产前先期调控。

虚拟通路崛起已经成为不可阻挡的趋势，而市场的偏好会对销售产生深远影响。如果采用传统的营销方式或自营官网网页，常常会面临与顾客互动不足、不易取得即时消费数据的情况，也容易被市场淘汰。

建立商情系统、战情系统拓展市场

业者可以先导入市场上同行业的商情搜集系统，通过了解目标市场的文化习性、流行趋势等情报，进一步运用数字市场调查工具进行顾客体验调查，强化与顾客的互动关系，有机会的话，将营销触角延伸至新领域，实现既有产品或新产品拓展至新客户的目标，进而提升营收。例如专营禽肉产品的加工厂，在导入数字市场调查工具后，就会清楚了解盐水鸡和烟熏鸡的购买族群截然不同。

中小型食品企业在有限资源下，若能应用商情搜集系统或与经销商合作，就可以轻易跨出转型的第一步。接下来可以开始收集目标市场的消费习性与流行趋势，为销售决策提供宝贵资讯。

进一步的转型策略是运用智能市调系统，以协助回应顾客意见，提供更好的顾客体验，并搜集顾客喜好。这有助于经营深厚的顾客关系。通过网络或社群媒体的运用，业者可以耕耘网络线上市场，增加产品曝光度，提升线上线下的顾客体验，以此提高顾客黏性，拓展新市场和吸引新客户。

■数字市场调查是存活关键

商情搜集是通过数字工具强化食品厂商对商情的掌握，这包括定期获取来自外贸资源、贸易商情、采购商情和电子媒体等已整理的公开资讯。也可以依据使用者的特殊需求订阅短期目标市场情报、产品类型和商情类型等客制需求。再针对设定主题过滤出有效商情，快速掌握消费市场趋势。

这方面的成功案例是一家豆类食品加工厂。这家豆类食品加工厂过去对于原味豆干、香辣日式素豆干、五香豆干等产品都有不同的生产制程与订单。通过采购商情分析，这家厂商就能够更清晰地了解消费者的轮廓。接下来无论在年节、农历初一，都能够精准地设计出产量预测（图 21 的“豆腐销售指数”展示了国外也有类似的市场搜集情报指引）。

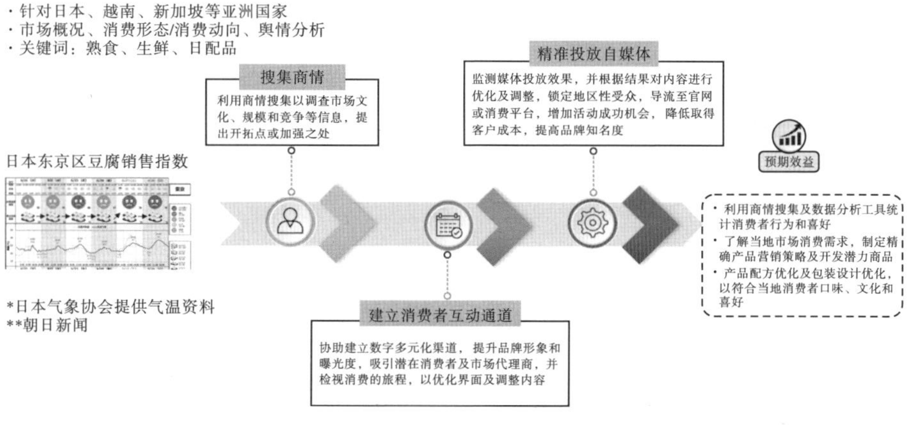

图 21　食品制造业数字转型时的市场情报搜集指引

数字市场调查工具能进一步协助搜集顾客需求和喜好的数据，以应用于新产品开发和拓展新市场。由于消费者对于食品的观感较为主观，因此最好能有自行设计或简易客制化的市调问卷操作机制。食品厂商可以根据问卷内容调整对话呈现方式，例如通过 Line 或 Meta 等服务，以互动和图文并茂的线上调查，运用不记名或去识别化的原始资料进行问卷回馈的数据分析。这有助于探知顾客对于新产品的想法、对新风味的偏好程度或接受程度。这种数据分析能真实反映目标客群的需求，对于研拟合宜的营销策略至关重要，将来通过精准营销能创造更多营收。

主题 5

如何建立有感的优质服务，在对的时间点提供最好的服务？

望着琳琅满目的“当日宅配”“当日送达”“今日寄今日到”“今天寄明天到”，该选哪一个呢？

一个超级无敌差的客户体验

好友阿文前阵子在大陆工作，为了装饰办公室，在购物网站买了一个木纹及材质都非常顶级的工作桌板，仅使用了不到一年时间，想到非常适合自己在台北家里的工作室，所以决定运送回来。但是，费了一番功夫才发现，包装后已经超过官方的海运规定尺寸了，只好找私人集货商帮忙运送；集货商也很爽快，表示重量 70 千克内都可以海运快递处理。确认大概的报价之后，阿文就把工作桌板寄到对方指定的集货仓，心想“应该在几天后就到台湾了吧，真好”。

结果却是，接连发生了两次让消费者阿文很不舒服的事。

首先，是货到集货仓立刻被收超材费。因为包装的关系增加了重量，集货商的个案计价网站显示，该货品重 45 千克，比标准的 30 千克多了不少，体积也过大，所以必须加收费用。

阿文立刻呛声：“要多收材积费不是不可以，但是你要提早讲啊，尺寸不是早就给你们集货商办公室了吗？”对方却理所当然地说：“是你没有问，本来包装超过 40 厘米就要收取额外的费用。”因为工作桌板都送去了，阿文只好摸摸鼻子付了超长和超重的费用。

然而，这只是第一笔“失血”。付款大约一星期后，货物已经到台湾地区了，阿文又收到集货商“台湾地区办公室”的通知，表示这笔订单要加收一笔超材费。阿文反问：“我不是已经付过超材费了吗?”对方则说：“因为要送到台北，尺寸超大的货物需要专车配送。”阿文当然很不开心：“当初的报价不就是送货到家的价格吗?”台湾地区的集货商就也实话实说：“这个钱是××物流要收的，钱没有进我们口袋，不关我们的事，而且是你自己当时没问清楚。”

这一回，阿文决定一步也不肯再退让，拒绝支付这笔额外的费用；协商过后，集货商终于同意退还他当初支付的超材费，条件是货物必须自提，第二笔可能的“失血”，总算在这里止住了。

集货商给了阿文一个位于桃园机场附近的地址，说是××物流的仓库，请他到这个地址自提，当然还要另外支付自提费用。跟集货商确认之后，阿文才搞清楚这个仓库根本就是一家报关行；去了之后，对方当场就丢了一张表单给他，要求填写司机姓名、车号、司机电话、取货时间，以及要提前 24 小时通知提货的要求，“哈哈，”阿文心想，“这下总算搞定了吧。”

故事的结局是，阿文费了很大的力气，找了朋友开货车到报关行去取货，结果把自取的表单递给报关行之后，只拿到了一个大约半个小时车程的实际取货地址，所以又多花了一个小时的时间才取到货。但无论如何，阿文总算终于缴完“所有的学费”了。

这个真实案例，当然算是一个超级无敌差的客户体验。谁都看得出来，这个案例中有不少典型“很雷”的桥段。然而，很多现代人的生活都已经离不开电子商务及物流业了，电子商务与物流业更是影响数字经济发展的两项重要产业。面对电子商务造成的通路革命，传统的物流产业持续受到大幅冲击和影响，如何利用本来的优势克服新增的劣势，已是物流业者存活所必须考量的重要因素。

建立消费者美好体验的 Know-How

在数字时代里，产业更需要深入理解客户需求。

如何为消费者**建立优质的体验**，一直是一个很难的课题，企业必须深入了解目标客户的需求、偏好、价值观和购物行为，因为这些东西都有助于根据需求来设计和提供服务。30 年前经营货运公司的人，绝对无法想象前例中的现代消费者对于资讯中“等待”的时间观念。技术面上，当然有具体的做法，像是**根据历史数据和趋势**来预测购物或是服务的高峰时间。有了这样的初步服务时间点轮廓，就可以帮助企业主管调整人力资源和服务准备，以应对高峰时段的需求。

在产业制定策略规划时，就可以具体想象并提出这个数字转型的例子，像是“提前预约”和“排程”这两种做法，就可以提供令人难以抗拒的诱因；比如九折优惠券外加来店五次可参加抽奖，鼓励顾客提前预约来美发院做特殊造型，以便尽早进行排程服务等，自然可以帮助管理者（如店长）有效地安排工作，减少双方的等待时间，以提供更好的服务体验。

不论哪种企业，进行策略规划时都可以考量类似自助服务的选项，通过很小的数字化投资提供客户使用，例如线上预订、自助机器、应用程序或网站操作，让顾客可以更方便地获得服务而不必等待，有时候，甚至还能意外得到“保护个人隐私”的口碑呢。

这类的规划，就属于**优化客户服务流程**。如今的服务业，都必须常规性检查和优化客户服务流程，减少不必要的步骤和等待时间，以确保服务的提供效率；或是设计更为直观的网站或线上店面，并提供清晰的资讯架构和简洁的界面，确保服务业者的网站或店面易于浏览，简言之，就是“良好的设计能够帮助顾客轻松找到他们需要的产品”。

除此之外，企业也必须简化结账过程，减少步骤和不必要的栏位输入，当然最好能提供多种付款选择，包括信用卡、电子钱包和多元支付等。至于确认订单后的快速交货和配送，也是一门很大的学问，除了最重要的提供迅速且可追踪的交货和配送服务之外，提供透明的运送过程等辅助资讯也会有助于顾客了解订单状态。

通过完整的策略规划之后，应该会让决策者更清楚公司在整体产业中的定位，这时，就有机会建立消费者的美好体验了。在形塑产业转型路径指引的步骤上，可以依据上述规划的做法，**善用内部与外部的数字资源，让消费者在对的时间、对的地点获得最好的服务。**

最好的购物体验是“当日送达”还是“今日寄今日到”？

网络购物体验不佳的经验之谈，网络上可以说多得看不完，不管是在某某商城或是某某市集，买家或卖家都有交易过后抱怨连连的故事。

小周为了给女朋友一个惊喜，在她生日前夕好不容易找到一个卖家，保证可以帮他用当日宅急便寄给他女朋友喜欢的包包，好让他及时送出这个生日礼物。从网友的回馈来看，这个卖家评价还不错，而且再三保证一定是用当日宅急便，官网更是说，当日 11 点前寄都可以当日到。卖家的动作非常迅速，确认他汇款后就立即到 7-11 寄货，并传送给小周包裹号码，也再三保证是当日配。

那已经是昨晚的事了，照理说，小周今天应该要收到东西才对。可是小周既没接到手机的到货通知，上网查询，包裹状态更一直都还是“超商代收”。就这么等到晚上 9 点，小周再也受不了了，决定告知卖家并请他去问清楚。卖家的回复让人匪夷所思：物流商到今天晚上 6 点才来 7-11 取货，所以东西最快也要明天晚上才会到。小周一听当然火冒三丈——那我为何要特别多付钱选用当日送达呢？

我说这个故事，不是要讨论到底网购时选择“当日送达”或“今日寄今日到”哪个比较好、比较可靠，而是在表达电子商务的成长已是社会必然的趋势，而“物流”正是电子商务的最后一里路，没有物流业，人们在网络上购买的东西就很难及时送到购买者的手中，直接也是最大的影响，就是**消费者的购物体验不佳**。

电商如何提供最佳购物体验？

有趣的是，像小周这样的网络购物案例，因电子商务大多集中在线上营销，消费者真正收到物品靠的却是物流，而物流则是一种物品的线下实体流通活动的行为，只有通过良好的管理程序，有效结合运输、仓储、装卸、包装、流通等相关物流的机能性活动，才能创造这个行业所必须具备的独特价值。

所以，想要真正地让消费者有良好的购物体验，还真的不是一件容易的事。

读者下一次在向电商下单前，不妨先想象一下：当物流业者建立好一座座的物流中心后，就能直接、轻易地利用大数据及物联网，有效管理库存、自动拣货、快速出货，最后将下单的物品准时送达读者你的手中。不过，事情真有那么容易吗？

台湾地区的物流厂商不少，包括全台物流、嘉里大荣集团、新竹物流、统一速达（黑猫宅急便）、宅配通等，都是典型的代表，这些过去以后勤配送任务为主的公司，近年来在电子商务世界的 B2B、B2C 以及 C2C（消费者对消费者）市场都扮演着重要角色，只是各自擅长的领域不同。

由于物流业长久以来的市场竞争状态，所以这个行业其实也一直是电脑化和流程数字化的指标行业，以至于业者在物品的集货、卸集、发送、转运、到达、配送、配达等方面，皆须配置完整的电脑系统以进行货物追踪。

大家应该记忆犹新，新冠疫情防控期间全世界的港口、码头、仓库与配送中心都成为消化不良的堵塞点，再加上封城期间的劳动力短缺，让这个情况更加恶化，这成为物流业将来必须面对的极大挑战。

另外，许多有关物品状态的即时资讯，包括进出港货物、货物追踪、货物运送可能遭遇的地理瓶颈、天气对航线的影响、交货时间表等资讯，都是物流业需要掌握的主要因素，而数字科技正是实现这个转变的关键。如今，新形态的物流公司已经整合多项数字创新，让顾客不仅可以在官网查询价格、预定、处理文件及付款，同时可以轻松掌握送达的时间。

物流业强化与终端消费者沟通、深化品牌价值

简单地说，物流业是将货品从甲地送到乙地以赚取利润，所以常

被认为是传统产业。

实则不然，国际级的大型物流公司早就导入数学模型、统计与电脑科技，从而紧密连接物流业最关键的物、车、路所有相关资讯，进而降低运营成本与提高服务水准，所以其实已经是典型的科技公司了。台湾地区的物流业，服务对象主要包含零售业中的电商、连锁餐饮、连锁商店等，当然也有像是电子、光电、半导体或是食品等产业的运送服务。

■O2O 商业模式成功发展的关键

随着科技进步而兴起的全通路新零售时代，更是强调高效率与快速的服务，以致物流服务已成为零售业交易能够完成的最关键伙伴。而新零售商业模式的成功运营，更是十分依赖最后一里物流服务的稳定提供，以目前通过线上下单、线下即时供应的 O2O（线上到线下）消费时代正快速发展来看，即时物流不仅是新零售商业布局的重要一环，更是 O2O 商业模式成功发展的关键。

物流的市场，除了台湾地区的配送之外，其实还有不少跨境的货物，例如除了欧洲、美洲、日本的配送外，覆盖海峡两岸的市场也是一例。目前台湾地区主要的物流公司各有优势，其他小型物流业者若无特殊利基则不易生存，例如传统中小型物流业者遇到订单超量、天气变化与运能不足时，势必造成顾客服务品质下降，以及更高的车辆调度成本。也许物流业的发展最终会是“大者恒大”，小型公司很可能会被大公司并购，新进者的门槛要求以及土地取得不易、资金需求庞大、仓储设备自动化、管理系统、司机与车队的运维等，都是公司想要进入重点考虑的问题。

■AI 演算法串联零售与物流的生命共同体

与此同时，便利商店越来越便利，早已成为民众生活的必要设施，近年来台湾地区便利商店的展店速度已开始放缓，但是因电商蓬勃发展，收送货物变多，再加上因应电商宅配需求，当日的物品配送、机车配送、冷冻冷藏全温层车的配送等，都已成为兵家必争的服务了。

所以，在这个实际案例当中，也才会有“到底该选当日送达还是今日寄今日到”的课题。其实，琳琅满目的 7-11 当日配、紧急当日快递、当天寄当天到、当日快递跨县市，以及邮局当日快递，都会让消费者出现选择性困难。

以目前的科技化程度而言，典型物流服务几乎都已全面自动化，包括从理货、包装、封装到贴标出货，接着自动化分货机全程控管货件，同时及时、正确掌握货件动态，达到供应链透明化的物流追踪。甚至还可以按照电商需求客制化仓储、运送的每个环节，全面实现数字化（如图 22）。

图 22　物流业的配送需考虑到最后一里路

至于数字转型的方式，主要是以资料科学、数学最佳化与软件技术来解决最佳运送与运营管理上的问题。例如为了有效控制物流成本，针对长期依赖人工经验来判断的转运与物流资源规划作业，以人工智能 AI 演算法的机制计算出符合成本最少与效率最高的卫星点与转运站间运输班次，以达成供应链物流最佳化的目标。当然也有业者发展规划全面物流配送与转运最佳化的 AI 技术，通过数据资料整合、最佳化排程演算法与 AI 模型等技术。在发展动态与先进运输规划技术上，从过去到现在，都已有不少成功案例。

为什么消费者会觉得“被踢皮球”？

基本上，物流业是因配销货品及通路而有其存在价值。从实际的案例来看，消费者其实是因为摸不清楚中间的利害关系，才会产生类似“被踢皮球”的感觉。但是，实际上物流业早已有了一定的潜规则，大致可以归纳出，影响物流业生存的关键正是明确产业定位与通路布建；而近年来通路取得成本大幅提升的事实，也导致通路的布建渐趋困难，例如以通路上代收点的密集度为基础规模的指标，也增加了进入门槛的高度。

此外，物流业者需有广大的仓储设施，而广大的土地向来不易取得，更需要庞大的资金，特别是对物流速度的要求条件越来越高，当然更要想办法把仓储点设置在交通便利的区位，以便缩短各地往返的时间。基于资金调度的问题，现今的物流业者大都采取租赁的方式找土地建立仓储设施，较少自购土地。当然也有不少物流业者斥资建立物流中心，组建专属车队，兴建万坪仓库，以进入物流的大型流通业。

数字转型，电商就能打通任督二脉

每当提起与民众息息相关的线上购物的美好体验时，就会想到物流配送与转运最佳化的需求。由于日新月异的科技也正快速驱动着物流业朝着高度数字转型发展，传统物流业加速导入科技化的技术运用，势必可大幅提升管理能力及效率。

例如当储运量增大时，必定需要最适合仓储规划的决策，像是最佳储运点、储运仓库、车辆需求及配送排程，以及营业据点托运需求的预测，都是过去人工处理经常无法因应即时变化的痛点。

其中精确的仓储据点决策至为关键，经由电脑程序以 AI 演算法汇整上下游客户分布资料、托运能量、土地限制条件等资讯，提供最适合仓储、运营规划及设置的评估。另外，像营业据点托运需求的预测，则是通过演算法对货品进行市场特殊需求分析、运务配送或发货状况分析及客户指定预计托运排程的规划等，当然还可能包括提供预计进行运物规划的业主推估托运量变化，以及提供客户最适合托运排程安排的参考。

另外，在内部的预备配送及物流中心内场作业时，全数字化科技也不遑多让，常见的机器人、无人搬运车 AGV（自动导引车）、大数据 AI 运算技术等，也正引领着物流与流通作业的紧密结合，让自动化设施以高效率运营。

新冠疫情带来的物流启示

新冠疫情防控期间，疫苗与药品的物流搬上了台面，过去的医药品市场属于小众产品也较为封闭，大多直接从世界各地采购，生产、仓储、运输配送到医疗院所都由药商一手包办，整体成本自然高昂。

当破坏式创新影响到了医药品运输市场后，已数字转型的医药物流委外专业配送的商业模式就应运而生了，主要目的是让药品生产直接与消费地连接，但无可避免的是，从世界各地的药厂到医疗院所的长距离物流运输了。

要执行这样的特殊长距离运送任务，首先踢到的第一块铁板就是如何选择优良运输业者。由于传统运输业者不熟悉医药产业供应链，长距离的运送更让药品品质控制不易，严重时甚至可能影响药品应有的药效或品质的稳定。例如辉瑞（Pfizer）与莫德纳（Moderna）两家厂商的新冠疫苗要求低温运送与保存，其中辉瑞的新冠疫苗必须以-70℃低温保存，莫德纳的疫苗则是要求-20℃低温保存，都是比物流业者过去熟悉的冷链物流严苛得多的运送条件。

所幸医药品于物流产业中属于特殊且受良好分销规范（GDP）管制的行业类别，于各储存、运送程序中都有严格的仓储及运送机制，药品流向需满足可被监控等措施，再加上医药物流产业链有其特殊的背景，因药品对安全、环境温度的敏感度很高，稍有不慎或是监控不良，就会造成因温差导致药品效用降低，甚至让伪药混入市场。

整体而言，药品的物流运输所需面对的难题较多，医药品的仓储考量也较复杂，例如医疗院所的药品补货时机分析很重要，需要通过AI演算法计算与预估，医药仓储服务涵盖区域分布应考量医院数量，仓储负荷量分析应与人口分布结合，配合药品的特殊性与敏感性，从仓储到运输过程都需维持稳定的品质环境，并能逐一追踪记录，方能完成优质的医药品物流。

善用 AI 演算法放大物流业数字转型的效益

另一项物流业者制胜的关键，就是运输车队的数字转型，例如在天气、路况、需求持续变动与运能有限的情况下，能否靠演算法动态地调度出满足客户服务水准的车队，像是高准点率的派遣计划，就是指标性的挑战。

在物流运营的派遣中心内部，复杂的电脑演算机制就是尝试解决在需求、气候、交通路况等多项实务环境条件变化下，利用 AI 演算法快速产生最佳化调度的运作决策，为运输物流公司提供人车及资源等调度。我亲眼见过当利用 AI 演算法计算之后，整体成本仍然过高时，甚至连传统的机车式包裹快递公司都可以迅速完成内部作业流程改造，转型加盟、进入都会区快送物流服务的案例。

在车队管理上过去已有许多资讯化的实例可供参考，例如通过机器学习的方式，规划出最佳安全驾驶路线、最佳节能路线等。在数字优化的过程中，有的物流运输业者甚至以战情看板方式呈现评估指标，对每位执勤中驾驶员的即时车况、驾驶行为提供整体性评估，以便即时观看，如有异常可随时进行调度。像这样连驾驶行为都可以进行电脑评估，目的在于让驾驶员能通过改变驾驶习惯来实现以优良物流车驾驶的行为，逐步提升运输效率。

另外，也有业者针对物流车队的交通路况进行即时推播服务，例如为驾驶员提供每趟运送过程中邻近事故通知、危险路段告警等服务；当驾驶员行经危险路段时，就会以手机推播的方式告警。在路况方面，也会提供所在区域拥挤路段告示、各地测速照相机位置等资讯给物流车队，使物流车队能一手掌握最新路况，将车祸事故率可能降至最低。当然最终目的是保障物流车驾驶者、货物及车子的安全，降低车用设备及零件的耗损，使车队管理上变得方便且具有弹性（如图 23）。

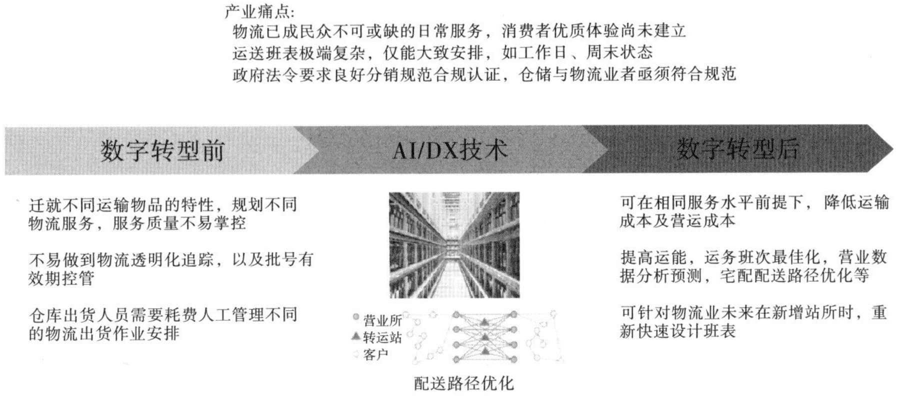

图 23　物流业的数字转型

荧幕触碰式贩售机的消费者体验

既然提到消费者体验，有没有读者留意到，几年前流行从夜市到街口都摆满了的选物贩售机（又称“10 元娃娃机”），已经被越来越多的智能多元贩售机取代了？这些贩售机不但可以上架商品、托播广告、收集消费资料，甚至将来可以朝无店面商店的方向迈进。以下就举一个实际案例与读者分享。

台湾中部地区有一家自有品牌，专门生产生产线自动化机具的企业及整合显示荧幕外加 POS 系统管理以及掌握行动支付的扫码与感应技术，通过商业模式转型的方法，发展出第三代能够提高消费者体验的荧幕触碰式贩售机。这种智能贩售机，可以以消费者熟悉的非接触式的方式，轻易点选、更换选择、放入购物车，然后以多元的方式结账。这样的消费者体验相当特别，贩售机不但可以依据地点调整货架空间，以便放置如饮料、零嘴等商品，更可以如同金融业提款机般，轻易让后台的 AI 演算法了解附近消费客群的购物行为，也为将来无人化商店的市场提供了具体做法。例如统一便利店有类似的自动贩售机，安装在特定地点如高铁站或科技公司内。

动态定价的时代来临了

前一阵子，媒体和社群平台都有关于购买大学生优待票规定的讨论。起因是，有部分学生持优待票搭乘高铁时，除了被要求查验学生证之外，还被要求出示在学证明等其他证件，后来当然在网络上讨论得沸沸扬扬。

另一个真正与一般消费者有关的因素，也是节省荷包。为了省钱，我们可以考虑搭乘离峰班次，像是高铁一大早或半夜的班次，通常会有早鸟优惠（如六五折），通常越早订位者越有机会订到六五折优惠车票，不过，虽然票价较低，但这些班次的停靠站可能也比较多。

不只早鸟，类似的优惠措施还包含学生票、定期票、通勤回数票优惠等，还有出门玩可以搭配的交通联票券或住宿，都能省下不少费用。

其实对服务业而言，服务的重点不仅在于产品本身的销售，也在于企业如何传达该产品背后的价值，也就是如何让消费者有美好的体验。

市场机制本来就该由时间来当裁判

过去服务业使用的传统营销方式，除了不可预期的人力成本过高之外，往往实际成效不佳，触及率更是低迷；现在，只要通过数字渠道宣传，就可以接触更广的客群。以一般规模的公司为例，通过数字营销可以轻易触及数以万计的潜在客户，利用网页广告（如清楚统计谁有兴趣或对哪个社群媒体有回应）来统计点击率，不仅可以推算产品优势，更可以用来拟订市场策略。

另一个服务业自身可以主导的关键获利因素，就是定价问题了。对服务业来说，动态定价实在是再自然不过了，因为市场机制本来就该由时间来当裁判，例如航空业和旅馆业，早就依据供需状况，甚至才过一分钟就调整一次价格，和电影院早场、午夜场的折扣较高是一样的道理。

通过数字转型之后，服务业便能使用动态的定价方案提升业务效率，就如同电力公司的离峰价格，本来就该比尖峰时刻低，结果就是鼓励民众尽量使用离峰时的低价电力，以确保契约容量不会超过。同样的道理，台铁和高铁早就该使用动态定价的方式来销售车票，而不是台南到台北的台铁票价固定 738 元新台币、高铁对号座票价固定 1350 元新台币；这样一来，就不会让上下班高峰时刻班班客满，而清晨或晚间的列车几乎是空的。也就是说，动态定价让想象空间变大了。

顺带一提，最近连亚马逊也根据即时数据，加上 AI 演算法的强大能力，每隔 10 分钟就更改一次线上所有产品定价，所以说，动态定价的时代来临了。

服务业可以创造什么新市场价值？

随着数据的不断增长和分析技术的进步，服务业势必更加重视数据的应用。通过收集、分析和利用客户数据，企业可以提供更加个性化的服务体验，精准满足客户需求，并建立更优良的客户关系（如图 24）。

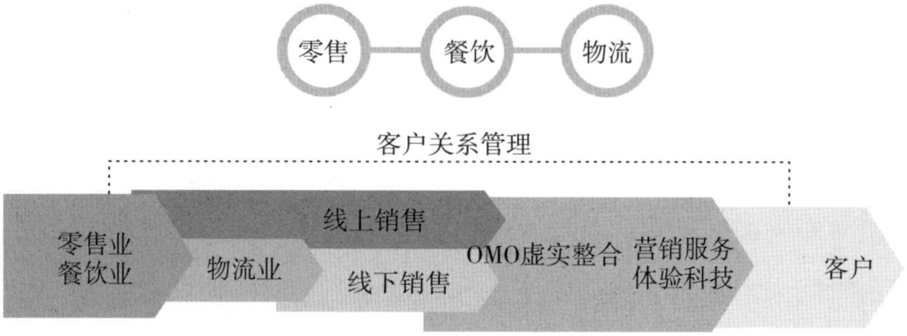

图 24 服务业的产业现况

AI 技术的发展，也为服务业带来更多创新和效率提升，例如机器学习和自然语言处理的应用，就将使得自动化客服和虚拟助手变得更加聪明及人性化，能够更清楚地理解和回应客户的需求，提供即时且准确的服务方案。

未来，服务业势必更加注重数字扩展技术，以达到更广泛地主动接触客户的目标。另外，行动应用、社群媒体和线上平台等数字渠道也将成为企业与客户互动的主要途径，并借以提供更多元化的服务形式，例如即时视讯客服、即时聊天和社群互动等。

同时，随着智能物联网技术的发展，服务业也会更广泛地涉足智能家居领域。在技术与安全可以并存的前提下，通过连接各种智能型设备和居家系统，企业可以提供更加聪明和便捷的家庭服务，如智能型居家安全、能源管理和家庭成员健康监测等。

另外，随着数字支付和虚拟货币的普及，服务业将加快整合各类多元的支付系统。这将带来更快速、安全和方便的使用与支付体验，同时借由提供更多的支付选择来满足不同客户的需求。

主题 6

如何进行分众营销，以互动扩散粉丝群?

2023 年 10 月上课时，我和学生讨论了以数字技术实现实体购物和线上购物在营销上的差别，结果学生们七嘴八舌地谈到的，都是“双十一”购物节就快要到了，准备好要让荷包大失血，所以我就开放这个问题，让大家谈谈线上购物与线下实体购物的不同营销方式。没想到，大家还真的都有非常深刻的见解。

一位女同学先说了，购物网站常常会吸引很多人不小心手滑，因而买了一堆其实没那么需要的东西，她就是这种明明没必要却还是想买点什么的人，常常会被男朋友戏称为“购物狂”。这方面，另一位同学的做法是给自己 5 秒钟的思考时间，想清楚是真的“需要”还是单纯“想要”，因为有时候，人在心理上想要购买东西的愿望会比实际拥有东西更让人觉得开心。但也有不少人提到，即便总是会买一些不一定用得到的东西，不花钱还是觉得不舒服。

最后一个同学提出一个劲爆的想法。他提到的是，不知道从什么时候发现某家购物平台在星期三有免运券后，就开始每天习惯性地逛网拍，看到喜欢的就加入购物车，然后到了周三才下单结账，没什么想买的东西的话，也会拼命找一些便宜的生活用品下单，然后就开始等出货、领货，然后再逛网拍。他说，虽然每次购物金额不是很高，但一周没购物“心里就会痒痒的”。

上网、出门都不必带现金，可真是 21 世纪的新生活方式，但长期只需刷卡又或以手机电子支付，却容易让我们无形中荷包大幅缩水——那些看似不痛不痒的小额消费，累积起来却是相对庞大的金额。

整合线下线上营销的 Know-How

这样线上营销数字转型的例子，可以在产业制定策略规划时就先进行内部脑力激荡，具体想象并提出像是该如何**提供给客户这个商品最有价值的内容**，以及用什么样的方式提供。这其实早就是服务业常用的概念：为什么客户要买我这个东西？接下来，才是要清楚地**知道目标客群在哪里**。

一般营销时，常会将市场分为不同的细分市场或分众，**每个分众或是族群应该找出共同的特征**，例如年龄、性别、地理位置、兴趣、行业、收入水平等，然后才在企业的粉丝群中分享有价值的内容，如文章、视频、图片或独特的资讯，确保这些内容与产品的粉丝群的兴趣相关并具有吸引力。

有了完整的策略规划之后，公司的决策者应该就会更清楚公司在营销上的有效手段，像是**如何对消费者进行完整的分众营销**；而在形塑产业转型的路径指引上，则可以从内部与外部既有的数字资源出发，让消费者感觉你很宠爱他们，**只要跟着你，一定可以买到最好的服务**。

在数字技术的应用上，当然还可以规划、设计一个机制，以此奖励分众的互动和参与，像是针对比较积极参与的粉丝群，就主动回应成员的评论和问题，对于比较冷淡的粉丝群，则不定时自动推送一些有趣的内容。此外，也可以考虑建立积极的互动和社交氛围，让成员感到他们的参与是受欢迎的，通过与每个分众持续的沟通，了解他们的需求和反应，就可以**建立长期的关系并保持客户的向心力**。

还有另外一点也相当重要——尽可能主动建立粉丝群的规则。在适当的时机，以文字明确解释这一个社群的发言规则（或有什么潜规则），以确保粉丝群遵守秩序和相互尊重，协同建立一个友善和彼此尊重的环境。

针对粉丝群进行分众营销的效益

如果还想更进一步应用数字技术，可以考虑**强化使用互动性功能**，像是利用社交媒体平台提供的互动性功能，如投票、问卷调查、直播等这些小技巧，都可以提升成员参与度。在促进分享和标签上，这里也有小技巧可以与读者分享，例如主办一些有意义的活动、比赛或互动性的挑战，以**吸引成员参与并分享**给粉丝群，增强互动和扩散。特别是业者若能提供有吸引力的故事或内容，鼓励成员在自己的社交媒体平台上分享，例如，粉丝可以发布最近自己使用某个产品的心得，分享好友的帖文或图片，以激励成员分享各自的故事或经验，并鼓励他们标记其他可能对内容感兴趣的人，这样一来，企业的**粉丝群就可以从原来既有的客群不着痕迹地扩散到新的受众**。

定期的线上互动，也是有用的线上经营社群的技巧，可以由专人创建连续且有趣的内容系列，例如有趣的妈妈厨房必杀技教学、小诀窍分享、迷你课程、问答或每日提示，都可以持续引起成员的兴趣。如果能够经常发布问题、投票或每周提出一个挑战，就能保持成员参与度并刺激互动。当然，最后就需要持之以恒地更新主题，借以定期测试和评估效果，使用关键绩效指标来评估每个分众的表现，并根据成效调整短期策略，**为每个分众制定特定的营销策略**。这些策略可包括产品定价、宣传活动、产品设计、分发铺货渠道和促销方式。重点是，企业必须确保能够持之以恒地更新和管理粉丝群，不断提供新的内容和活动，以保持成员的参与热度。

最后一个重点，就是合作伙伴的重要性了。在这里要特别强调，企业一定要与相关的合作伙伴或社群媒体影响者合作，以提升企业内既有的粉丝群的知名度和参与度；这方面，可以根据每个分众的需求和偏好，创建专属或个性化的营销内容，包括设计有效广告、产品描述、网站内容以及主动邀约社群媒体，总之就是要保持对待粉丝的一致性。尽管每个分众的营销策略可能不同，但**品牌的一致性不能有变动**，以确保品牌形象和核心价值观在不同分众中是一致的。

势不可当的“新零售时代”

零售业实在是琳琅满目，包括我们每天可能接触到的百货公司、超市、便利店，以及实体量贩业等，而且现在大家都说，线上线下无缝接轨的 O2O 或 OMO 虚实整合零售商业模式的“新零售时代”来临了。

什么是“新零售”？

你看到线上、线下零售与现代物流业的结合了吗？这种全新的零售方式，正以实体店、电子商务、云平台为核心，融合线上及线下的消费行为，充分计算及利用商品、会员、交易、营销等数据后，向顾客提供跨渠道的无缝式购物体验。说了这么多，其实新零售的概念就是“让整体零售行业更有效率地服务消费者”。

在新冠疫情防控期间的 2021 年 10 月下旬，台湾地区的超市龙头全联无预警宣布收购另一老牌量贩店大润发，如此一来，将来的全联就变成购物中心式的超市了。所以未来的零售业巨头之争，就会变成有 6000 家门市的零售业者龙头统一，与超过 1000 家门市的购物中心式超市零售龙头全联的分庭抗礼了。

这还只是零售业中的便利店与超市的例子，其他的零售业还有美妆类、百货类、家饰类、五金类、书籍文具类等，我们生活中无所不在的购物，几乎都与零售业有关。

实体零售与线上营销方式的巨大差异

实体零售店面最常见的问题，就是店里的陈列货品客人可能不需要，只是摆在店内当作装饰品，而顾客想买的商品店里却没货，还得特别订购。因此，如何整合线下与线上资源来为顾客提供更优质的销售服务，一直是零售业近年来数字转型的重点。

其实，零售形态的转型与进化从来就没有停滞过，从早期的“柑仔店”转型到现在的便利店，从过去的“产品 VS 服务”到“实体 VS 线上”，再到未来的“数字赋能”“数据洞察”，零售业一直都在转型，也就是唯一不变的就是“变”。

务实的市场观察，也发现有更多的购买都转往线上进行；而且，越来越多的制造商现在都选择直接卖产品给消费者，也就是所谓的 B2C 模式。这样一来，销售流程不只可以完全避开零售商，更具挑战性的是，这些令人担心的转变几乎发生在零售业销售的每一个产品身上，包括家居用品、书籍、服饰、食品和娱乐商品。

另一个零售业面临的现况，则是例如面对未来老龄化、少子化可能同步显现效应时，便利店和药妆店这两个过去属性截然不同的零售业者，早已经开始结盟，这势必出现越来越多贩售商品重叠的可能，似乎也会驱动令人吃惊的异业结盟。当然了，对零售业而言，在销售同性质商品的竞争下，往往会因为价格优势不同，而与其他店家展开恶性低价竞争，这样一来，合理的解决方案之一，就是在提升自我品牌知名度的诱因下，鼓励自创品牌五花八门的商品，较为灵活的零售商甚至采取搭配主题和季节推出组合商品，来增加消费者购买的意愿。

过去，为了使顾客线上足迹更清晰，零售业常见的典型做法是将官网加入 Google Analytics，用以评估营销或促销活动的成效。然而科技发展日新月异，当零售业因非预期因素以致规模扩展时，内部 POS 系统常因过于分散及销售数据复杂难以统合，亟须更准确的营销工具，才好进行数据的整合并提供有效的分析报告作为策略布局及预测收益的手段，这也是**零售业始终是第一波投入数字转型的主要动机**。

数字科技与 AI 演算法联手可大幅提升零售业获利空间

过去老一辈的经营者，因较为熟悉管理梯队的人为传授经验，导致过于专注于实体门市的经营，不太懂得顾客粉丝团的经营，因此对于如何投放广告常常一筹莫展，往往也不熟悉点赞、留言、分享等动作背后的含义，以至于粉丝互动率或扩散率超低，再加上粉丝团内容根本无法掌握真正客群，抓不准忠实客群的真实需求；凡此种种，都是各类型大小零售业者目前经营的隐忧。这就像是，50 年前民众夏天时爱吃的白牌“枝仔冰”和 30 年前的“百吉棒棒冰”，相比今天大家在吃的“春一枝”冰棒或“哈根达斯”冰激凌，客群很不一样，这些都需要深入厘清。

销售完成后的及时精确补货问题，也是零售业者心中的另一种痛。当促销期间导致热销品缺货时，消费者可能无法立即购买到想选购的品项，进而造成潜在客户流失；或是热销品缺货，现场没有经验的产品管理师补货时会以滞销品替代原本的热销品，导致采购误判实际商品需求，轻则影响采购决策，重则增加库存压力，当然不可不慎。这些问题，一直是零售业者所面临的挑战（如图 25）。

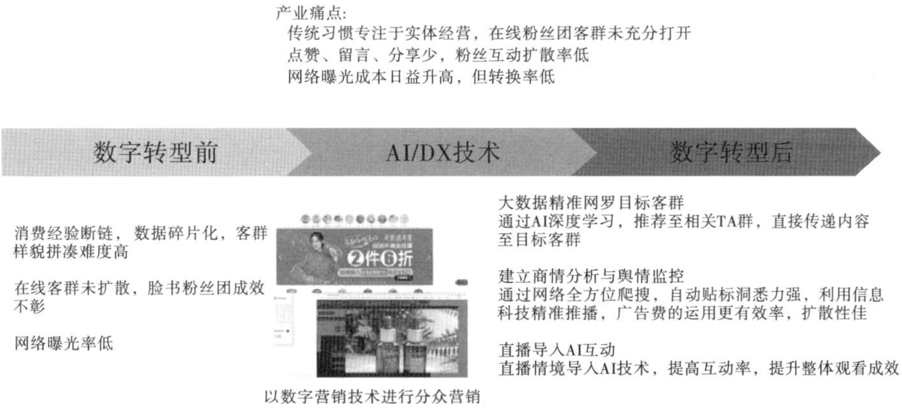

图 25　零售业的数字转型

大型购物集团利用 AI 添加营销创意

这里举一个大型购物集团的实际例子，来说明新零售业以 AI 技术实践数字转型的方法。一般大型购物集团都会有不同的内部会员系统在运作，例如可能包含电视购物频道、网络线上购物频道或多种不同属性的电子商务平台。如果是单一线上购物平台，往往缺乏其他相关事业体更为多元的内部、外部资料。

大型购物集团却不一样，通过 AI 演算法，集团适当串联及梳理出使用者的身份与喜好，依据人口数、地区、行为等面向预先整理的事实标签，例如曾经购买过某种婴幼儿用品的消费者，最近连续购买了两种宠物玩具，或是最近购买了某款高档宠物饲料，又如过去浏览网站时，曾经点击过某一类新闻报道，加上经过 AI 精算后的演算法标签，进而从铺天盖地般的使用者资料中，用 AI 演算法整理出单一消费者的轮廓图谱。

在新零售时代来临时，根据过去的经验，唯有通过 AI 演算法清楚识别使用者身份，才有可能建立完整且单一的消费者轮廓，借此更清楚了解消费者喜好及个人的线上线下行为。这样一来，不用通过繁杂的市场调查与确认，电脑就可以更“懂”消费者的喜好与购买行为了。

当然，接下来就可以更合理地选择适当的营销方式，来强化与会员的沟通互动，以达到更精准的个性化营销策略，这个部分就是所谓的“优化流量工程的边际效益”。简单来说，就是以 AI 技术加值及利用第一方数据，进行全面性消费行为分析，以提高广告的点击率，接着迅速更新受众，并放大广告的效果，间接提高广告价值与增加可能协助电商平台的导购订单。

当然，对老板来说，使用这种 AI 技术就是最好的“把流量变成现金”的做法了。这种 AI，也就是赚钱的 AI。

整合顾客实体店面造访轨迹与线上浏览轨迹

前文提到，零售业常因过于分散的销售数据难以统合，以致始终是第一波愿意投入数字转型的产业；但在数字转型的过程中，零售业却也最常遇到需要**整合顾客实体店面造访轨迹与线上浏览轨迹**的例子。

实体轨迹也称为“线下轨迹”，指的是即时的门市店面人流、POS 交易资料加上会员的购买资料，其中的人流资料，可以通过实体店面内外的摄影机分析与约略统计顾客年龄层或是取得电信业的人流天线资料，例如计算店内人流侦测及人流动线、停留热区分析等，以及 POS 系统结合会员的资料，就可以获取即时销售与营收的样态，也可以解析顾客购买的动机；至于“线上轨迹”，指的当然就是官网的网页点击数量、停留时间、浏览与鼠标滑动等更为丰富与不同层次的意图资讯。

零售业如何利用 AI 技术优化营销策略？

其实不用太高深的电脑学问，只要通过软件技术与精心设计的演算法（有些人喜欢称之为“AI 模型”）的计算，就可以对线上浏览者（会员或非会员）的浏览行为有更清楚的解析。例如针对周年庆、换季促销等不同档期活动，归纳消费者针对不同场景的不同购物行为，进行更精准的销量预测，必要时还可以将顾客分类及贴标。这种源自会员消费记录与轮廓的解析，再以演算法精算出的虚实整合效益，就能达到下次造访时交叉销售的目的。

导入 AI 技术可精确网罗目标客群

实务上，实现“利用 AI 技术优化营销策略”的方式有很多种，早期其中一种方式是在零售业的官网上搜集消费者的 cookies 数据，将内部铺货资料搭配顾客行为（如购买行为的动态资料、鼠标轨迹等）进行整合分析，然后进行顾客样态分群后，针对具有消费潜力的顾客进行贴标，以提升销售率或再营销的机会，包含分析鼠标轨迹、停留时间、卷轴拉动、页面切换数量等资讯，从中找出线上购买犹豫的顾客，以发送新品折价券等措施来吸引顾客消费。

当然，若能利用跨萤幕身份识别的方式进一步搜集 cookie 数据，以及交叉比对 email 或是社群账号资讯作为参考，将可更有效整合分散的顾客消费轨迹数据；经过几次确认后，逐渐收敛并进行精准营销。针对这类客群，就可以立即赠送定额的折价券，甚至在其他商品也可以获得折扣，鼓励顾客下次消费时使用。

然而，我们即将面对而且无法改变的事实就是 cookieless（不使用或接受第三方 cookie）的时代来临了，导致第三方数据的追踪越来越困难；这类的阻碍，也就是“顾客资料碎片化”。然而，事实是你还是可以利用其他更高阶的 AI 演算法技术，甚至于可以从消费者的数字足迹中结合会员的基本资讯或购物记录，采取分阶段式的营销策略。这方面，后面的内容会有更深入的介绍。

一言以蔽之，过去局限于商品官网、购物车的做法早就落伍了，新一代的数字转型，已经可以利用 AI 演算法做到熟悉会员或旧客的购物行为，加上新客的精准导流，将每一位访客每一次的浏览行为视为一个“旅程”，以让顾客得到美好的“**购物体验**”（以很低的价钱、很短的时间找到需要购买的东西的成就感）为目标，针对用户浏览行为主动推送营销内容，以间接帮助提高客单价（一位顾客进来，一单买了多少钱），进而提高可能购买的转换率（进入网站的访客中，做出特定转换行为的比率）。

简言之，**高明的 AI/DX 解决方案**能洞察消费者的各种行为数据，进而**借由消费者购物旅程制定精准的营销方案及产品策略**，紧跟着的行动方案，便是协助客户连接数字广告、社群投放、EDM（电子邮件营销）、网红营销合作等数字营销应用，**对目标族群及潜在客户做出最佳互动路径的成效优化**了。

为什么会转型不成功？

理论上，经过数字转型改善业绩后的关键成效，在于可以拉高零售业门市客流量、提升平均消费额、优化库存供应状况、提高库存品能见度等，最终提高企业整体营收。

不用说，当然所有的零售业者都希望能够一步到位地达成数字转型，但是往往事与愿违。我不仅看过转型不成功的案例，甚至还看到有零售业者因转型不顺而大吃闷亏；在我看来，失败的关键大多在于不能“知己知彼”，也就是不但没有真正了解自己的能耐，而且没有真正了解顾客的想法。

以下就以直球对决的方式，剖析如何知己又知彼。

针对已有百万级会员或活跃 App 使用者的中大型零售通路商而言，当然绝对不允许错过这一波数字转型的机会；而且，过去实体门市的零售历史交易资料量充裕，更足以作为商业决策的参考。然而，若是没有引进足够的 IT 资讯技术进行数据整合，就称不上是数字转型，只能说是数字优化，像是门市零售的流程优化，这就是前面提到的——低估了自己的能耐。

真正的数字转型，是希望通过自动导购的概念，在经过精密计算后给每一位客户提供最佳化商品推荐，以推动潜在客户从线下浏览行为转换至线上实际消费，或是导引线上会员带着电子折价券前往实体门市消费。

真正的数字转型，是要通过更完整的资讯整合及 AI 演算法标签技术，在“人、时、地、事、物”资讯都充分满足的条件下，实现自动以顾客资料库中“事件”为基础的营销，达到数字转型的“完胜”，也就是让消费者可以在最佳的时间点，通过最佳线上或线下的方式，以最佳的消费者体验购买有优惠折扣的商品。

AI 推荐系统就是一种资讯过滤机制，AI 还可为伯乐推荐千里马

每个消费者都有自己的消费习惯，喜欢上网的人会在网络上购物，喜欢逛实体街店的人，则倾向于在实体门市购物。但不管是哪一类消费者，当然都会在不同的场所购物，也会有不同的消费周期。例如有人每过几个小时就会上网看商品，有人每天上班搭捷运时，会利用空档看折价商品，有人每天都会去便利商店，有人每周会去逛一次街，也有人一个月最少会去一次大型量贩店。通过清楚了解人们去不同场所的消费周期，就能以 AI 演算法为消费者布建完整的通路阵列，从而塑造对零售业有利的环状消费通路，也就是前面提到的真正了解顾客的想法。

多年来我深入研究的 AI 推荐系统，就是这个领域最适用的技术。

基本上，AI 推荐系统是一种资讯过滤机制，用于预测用户对物品的评分或偏好，近年来已应用于各行各业，包括音乐、新闻、电影、餐厅、美食等的推荐，部分人比较熟悉的 Netflix 电影推荐或 YouTube 的影音推荐等，就是 AI 推荐系统的成功范例。

简单来说，AI 推荐系统采用的方法，是结合用户过去的行为（如以前购买过、选择过、评价过的物品等）与其他用户的相似决策，建立特定族群的推荐模型，再用来预测哪一类用户对哪些物品可能感兴趣；也就是说，AI 推荐系统会根据用户对物品的感兴趣程度，推荐给他类似性质的商品，例如保养品、美妆用品等，就属于“相似”的商品。

AI 技术既能提高营销效率，也可以增加销售渠道

先前提到的特定商品可能购买的预测，如果采取传统人工逐一比对的方法，一定会花很多时间在整理相关销售的统计报表上，但即使找到重要的关联资讯，最终还需要验证结果，这过程极其烦琐。现在，如果我们利用“文字探勘”的技术结合深度学习，就可以让电脑在短时间内从上百万篇文章里找出相关资讯，市场分析人员只需验证，当然可以节省很多人力成本与时间（如图 26）。

这里就举一个浅显易懂的例子来说明。想象已有成千上万篇相关但是杂乱的文章或报告等着我们来处理，你会怎么做呢？首先，你必须先让电脑系统知道，在这一片汪洋的数据海中要特别注意哪一些资讯，也就是我们常说的关键词或关键词组。接着，你要预先设计良好的机制或模型，担任电脑语言和自然语言之间的翻译，将这些文

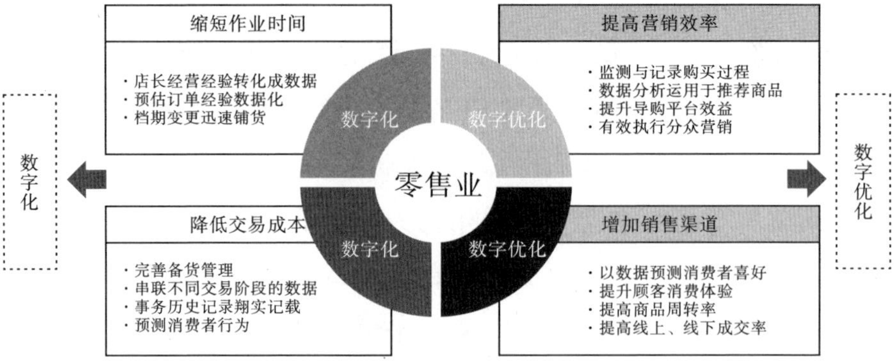

图 26 零售业的策略规划范例

字资讯转换成有意义的计量化数值——因为电脑只能分析数值，而且是电脑能解读的数值。

事实上，在人工智能引进推荐系统的议题里，不管是网络评价资讯、使用者回馈文字描述，还是销售上的真实数据，都可以当作 AI 模型学习的素材；借由资讯转换与获取，这些素材就会逐渐转变为利于模型判断的资讯。此时，就能根据不同的学习目标来完成特定目的的“推荐”工作了。

另外一种零售业较不为人知的数字转型方式，就是通过数字化和数字优化分析有利商业行为来产生新的商业模式。例如在某一个周年庆的活动后，就让 AI 系统立刻梳理其间的所有营销数据。当电脑“看完”这些数据之后，就会提供一些建议，比如主动找寻供应商采购商品来实体门市贩售，或是和哪些异业——不同性质的服务销售配合，来增加客群的类别，进而提升其他商品的销售量，也就是俗称的“以大带小”或“以热带冷”的方法。以便利店为例，多年来就不断增加截然不同的服务项目，像是缴费和受理包裹代领服务等。这些商业方法，表面上看起来只是提供服务，背后的道理可没那么简单。

你们家的产品有多少铁粉？

过去有一个专业人士坚信不疑的“一万小时定律”：任何人做一件事，只要经过一万小时的练习，都能从普通人变为某一领域的顶尖人才。

现在这个社群媒体意识当道的社会，则出现了一个“一千粉丝定律”：只要你在网络上有 1000 个铁粉，就能养活一个 KOL。

这个 KOL，有可能是常在社交媒体中发表对运动球鞋评价的篮球队前锋，不单能吸引无数跟随者的眼球，更能影响很多人的消费决策；也有可能是音乐创作者，当获得足够的媒体播放流量时，就能以创作维持生计。

顾客的购买行为确实相当复杂，但只要有完善的、针对服务顾客进行的概念转型计划，就不难培养出 1000 个铁粉。

“服务顾客”的概念一直在转型

随着数字化发展及后疫情时代消费形式的逐渐改变，以往被动式地做好商品陈列、等待消费者到实体通路购买的服务方式早已被取代。先以大型零售企业为例，台湾地区的四大超市品牌便不断在加强线上与线下或虚拟与实体通路的融合，应用会员制及 App 等收集消费者习性，并以多元活动来试探运营与顾客的关系，例如观测或推估 KOL 的发言风向来设计新的服务，以挖掘新形态客户及推出有需求的新产品来增加营收。

在顾客数据方面，传统的零售业者以搜集营销端数字化数据内容为主，一般以交易记录为最多，顾客资料次之，但顾客喜好及网络声量的搜集则普遍偏低。所以，未来在进行数字转型时，顾客喜好及网络声量数据都应该是零售业者或转型部门必须注重的项目。

当然，零售业者也可以根据顾客的线上行为，如对浏览次数、停留时间、购买次数、加入购物车等数据的统计，归纳出客户对特定商品的喜好程度；也可以计算商品间的相关系数，逐步归纳出较常被一起购买的互补商品，或是更有利润的替代商品，进而不着痕迹地推荐给消费者。

药妆与健康食品永远是数字转型的检核点

零售业的竞争相当激烈，特别是药妆与健康食品领域，近几年来线上与线下的渠道结合之后，战况就更“精彩”了。某些国家常有游走在法律边缘的商业行为，使用者也就更需自己判断医药资讯是否真实；这类的服务，从线上自我健康检查、线上问诊咨询、专家电话咨询到药品查询及购买非处方用药等都包含在内。

不仅如此，某些药品通路商为了实现真正的线上咨询，还提供了琳琅满目的服务，像是找专科医师或药剂师来推荐药品、提供健康资讯及健康百科知识等。他们架设的网站，还提供预约咨询挂号、疑难重症药剂师的电话问诊，以及使用药品后的康复、资料追踪、健康管理等服务，几乎无所不包。在这类平台上，也可以看到整个医药健康产业链的生态体系与角色扮演，包括医药业、化妆品业、医药物流、保险公司，以及与医美相关的产业等，当然也牵动了背后的整个医疗体系和完整的健康产业链。

社群经营与营销科技交叉使用的时代来临了

营销的目的，不外乎了解目前销售状况、有效运用营销预算，坦白说也就是让零售业者能够“在对的商品上花对的钱”；除此之外，也能给予不同的客群不同的优惠，以延长顾客来店的有效生命周期，进而把每一位顾客都培养成忠实客户，也就是我们所谓的“活客”。

近来热门的 Martech，也就是“营销科技”，因为是由 Marketing 和 Technology 两个词结合而成的，意思就是营销、科技合而为一，利用科技达到营销目的的科技工具，有人甚至说，营销科技将会是下个世代零售业不可或缺的元素。

早期的个性化营销，通常会比较重视协助（推销）消费者，提供他们已经知道并可能喜欢的东西。例如当你在网络上搜寻日本象印牌电饭锅时，AI 演算法当然不只会推销象印牌电饭锅，还会想尽办法推销所有相关的日式烹饪工具或餐具。这种做法，一般而言消费者并不会感觉到被冒犯——消费者的期待心理，本来就是能方便地找到想要的商品。

但是，从另一个购物心理学的角度来讲，客户有时候更喜欢超越他们熟悉的产品，也就是有着“尝新”的心态，甚至会期待零售业者能推荐让他们有一点惊喜感的商品。例如，AI 演算法可能会审视消费者的年龄及轮廓侧影资料，然后解读出可能是要买给另一半一份生日礼物或是结婚周年礼物，就会更扩大推荐的范围，也许是一系列价位相当的新款数字相机，鼓励他们每天留下珍贵美好的回忆，或是推荐一组德国制造的高档高压锅商品，让他们觉得可以给另一半一个惊喜。

用简单的营销语言来说，所谓的“美好的购物体验”，就是要想办法提升客户的共同参与感和长期的忠诚度。这样一来，零售业者不仅可以通过线上、线下与消费者互动，还可以不单是对客户贴标，甚至能用 AI 演算法微调每一位客户的性格档案。

所谓“客户性格档案”，可以解读为“客户可被预测的行为”，指的当然是根据资料来解读个体或族群行为背后的动机。例如，为什么某款式的衣服淡色系比较好卖，而另一款衣服却偏要深色才受欢迎，以此深入了解顾客的行为，并合理解读后，尤其有助于未来广告投放策略的制定。

AI 演算法神助攻营销科技

通过与 Line 社群会员的互动，像是问卷、投票、图文点选等动作，来解析及建构社群会员的轮廓，或是客户性格档案，并给予会员不同的标签，包括性别、休闲类别喜好、运动类别喜好、颜色喜好、住址、价格喜好、折扣喜好等，借此分众分群，将相对应的商品推送给顾客。

用更简单的话说，就是要用演算法清楚地描绘出消费受众的样态；消费者及会员轮廓可以通过零售业者内部资料整理分析出来，但在网友最常用的社群 Line 或 FB 上，却无法这么清楚地探知社群会员的轮廓，所以常采用无差别的方式推播讯息或广告，这样一来，不仅广告成本增加了，还常会使社群会员觉得垃圾讯息太多而封锁社群推播。

解决这个问题的高阶演算法方式，其中一种是通过 Line 问卷活动、会员点击图文讯息的回馈，从系统后台对消费者贴标签，定义该消费者的属性，也就是“AI 演算法标签”。这些更明确的标签，例如喜欢的东西类型、嗜好的运动、购买价格区间、新品资讯，或是喜欢的情侣款、热销排行榜等，众多关键词组或标签都可以直接分析出社群会员的轮廓，再由精准的分众演算法技术接手，让营销部门可针对特定消费者喜欢的东西（或是主题）投放广告，或推播地区性热门主题广告，鼓励消费者到实体门市凭券消费。

也就是说，如果以主打某一个社群工具为基调，就应该以其推播成效为参考基准，例如先在 Line 上推播某一款式的海滩鞋，要是成效非常好，就可以继续把这个结论放进另一个社群工具（如 FB 广告）做同样的推播，实体门市也可进行同样的广告投放或商品陈列，以期放大推播效果。

但是，过程中一定要避免成效混淆的因素，所以应该以一次一个社群工具为基调。例如若以某一个社群会员作为测试样本，再以得出的结果搭配依据地域与行为面的地区消费指数，然后通过向其他社群发送同样的广告，测试社群轮廓是否符合，若有过大差异立刻微调，并将投放广告后的结果，如点击率、互动数、总触及人数、相关程度值等记录于后台资料库。这样设计完成的推荐模型，就可以说是 AI 精准营销的雏形了。接着当然也可以委请营销广告公司进场操作，先设定追踪代号再进行广告投放测试；投放的结果，可以参考投放人数、转换率、停留时间等因素做成效监控，这样一来，在 AI 加持之下的数字营销科技就会无往不利了。

主题 7

精准营销——为什么老板始终觉得我们离顾客有点远?

服务业或一般企业的营销部门，最关心的就是商情收集，希望借由分析本土或海外市场的资讯，得出包含**市场概况**、**消费形态**、**消费动向**、**消费者需求分析**、**舆情分析**等关键文字性质的资讯。这方面，如今可以通过 AI 演算法，交叉整理不同社会经济地位、地区、国家或宗教倾向的消费行为。举例来说，在收集东南亚**市场消费趋势**时，就可以聚焦于越南、印度尼西亚、新加坡、马来西亚等国家，针对上述的主题主动找寻及推荐具有商机的目标产品。

在竞品分析与监控这个议题上，除了**用 AI 自动搜寻竞品资料**外，还可以周期性地以特定目标关键字爬搜及整理数据，整合这些数字化工具，分析既有会员的消费偏好，甚至可以寻找扩展营销到新市场的途径。我们来看一个真实的案例。

凤梨酥的“数字转型特攻队”

台湾有一家品牌相当知名的凤梨酥制造商，老板对舆情分析极为重视，再小的事都不放过。比如业务经理常听家里的印尼籍看护说，很多同乡都喜欢吃台湾的凤梨酥，不过大家也都觉得，如果是带有辣味的凤梨酥，一定会在印度尼西亚市场大卖。一想到那是有 2.7

亿人口的地方，也就是市场有台湾的 10 倍大，老板半夜都睡不着了——真的去启动一个数字转型的专案小组，取名叫“凤梨酥转型特攻队”，不仅详细分析这个可能具有庞大商机的微辣口味凤梨酥，也开始关心东南亚国家的消费趋势，不仅留意这些国家最喜欢的辛辣度，还悄悄浏览竞品公司的评论、在脸书及社群媒体的动向，更关注购物平台上的评论，并在原物料价格波动时，超前地整理国外政治因素介入时的市场分析，以便更精确地**在投入市场前制定营销策略及进行产品开发试验**。

零售业精准营销的 Know-How

近年来，许多零售业的管理者不但逐渐了解，而且能巧妙地运用销售数据来预测消费者的行为与偏好。例如，购买 A 产品的客户也会购买 B 产品，或者促使客户购买 C 产品的是什么动机。但是，创造全新的客户体验不仅仅是以数字科技收集大量的消费者数据而已，还得在更多的情境下都能够精确**提供个性化的客户体验**。

在实际的营销方法上可以看到 AI 的影子，例如 AI 演算法可能会建议不要给某一位客户太多选择，并特别提醒他退货规定，因为从过去的购买记录来看，这位顾客可能是一位比较神经质的人。至于较为内向的客户，AI 演算法可能会建议缩短与其闲聊的时间，必要时送给客户一张可能会令其大为惊喜的折价券。

例如，目前零售业所掌握的 AI 演算法，几乎可以计算出线上和线下的**个性化轮廓资料**，从而精确判断客户是内向、外向或是不是神经质，同时会自动采取一些与之相关的有效做法，**调整促销与推荐的内容**，甚至可以自动将这些销售知识传递给实体店的门市人员，以**改**

善同一位客户的购物体验。

因此，产业在制定策略规划时就可以先聚焦在**如何做到精准营销**，先确定服务或产品的目标受众是谁，包括目标受众的年龄、性别、地理位置、收入水平、兴趣、行为、需求等特征，当然越具体越好；然后再进行深入的市场研究，以**了解目标受众的需求、偏好和行为**。这时候，就有必要以数字工具建立典型的客户人物，像是基于市场研究而创建出具体的几种客户人物，也就是理想的客户代表，尽可能罗列详细的数字化背景资料。

接下来，就可以开始**设计、创建个性化的营销内容**，以满足不同客户的需求了，包括个性化的广告、电子邮件、社群媒体发文和**具有说服力的营销内容**。不过，千万不要忘了设定最佳发文时间点。

其实，除了追求自家创新产品或服务足以吸引人之外，企业还要以能够满足市场尚未被满足的需求为前提，努力思考如何扩大目标市场。在考虑扩大目标市场时，不妨纳入不同的地理位置、人口组成或产业垂直领域，以便让企业在更广泛的目标受众中建立存在感。

AI 演算法让营销易于添创意也让精准营销更精彩

通过上面所说的策略规划，企业的决策者应该就会清楚明白如何以数字科技创造自家产品的差异化了——不管是新产品的开发方式，还是提供新的服务模式。到这时，企业和消费者的距离就越来越近了，在接下来的形塑产业转型的路径指引上，便可以利用企业累积的数字资源，**在对的时间、对的地点彻底打动消费者**。

技术上，除了使用 AI 数据分析方法之外，还可以利用数据分析工具追踪客户行为，以了解他们的互动方式并随之调整营销策略，帮助服务业优化预定提案的商业活动。例如，以年轻的上班族群为主的话，像是“小资族在线买化妆品省钱秘诀”，或是“宅男最佳通勤购物术”，就会是比较有效的商业活动，紧接着，追踪范围也可以包括社群媒体和不同搜索引擎营销等方面。

在精准广告方面，线上广告当然是实现精准营销的有效工具，可以使用诸如 Google Ads 和 Facebook Ads 来定向特定的受众，并根据他们的特征和行为来设计广告；这样的 AI 社群媒体定向，具体做法是利用社群媒体定向媒体平台的行为定向功能，以将内容显示给特定的用户群体，当然也要根据年龄、性别、地理位置、具体浏览行为、可能兴趣和有意义消费行为等主题来设定 AI 演算法所需要精算的因素。

很高兴能为您服务——线上客服机器人的逆袭

1950 年，英国数学家图灵提出了电脑科学界很有名的“图灵实验”，用来验证机器是否智能。数十年来，许多工程师不断设计各种电脑软件程序，试图挑战这个实验，以便实现机器智能化的梦想。然而，一直到近年来 AI 对话机器人的出现，才有了比较实质的突破。

不眠不休的客服人员

最近市面上炒得火热的生成式 AI 与 ChatGPT，或是个人智能助理如 Siri、智能音箱 Alexa 或 Google Home 的流畅对话，都令人印象深刻，它们能听取使用者的指令回应答案，甚至如查询火车班次、行事历等，也使用了对话机器人的技术。虽然它们被称为“对话机器人”，但这些 AI 的功能并不只限于聊天，举凡任何能以自动对话方式提供服务的程序，都可以算是对话机器人。

网络上，已有许多电子商务平台的类似客服应用，是以对话机器人提供服务，让使用者能更自然地提出需求；而且，对话机器人一旦理解需求，就能够快速提供服务以节省彼此的时间。常见的应用如银行智能客服，就是由银行客服中心建立对话机器人，来协助客户处理一些简易的银行业务流程问题，减少客服人力的负担。随着金融科技的兴起，AI 理财机器人也如雨后春笋般出现在生活中，光是台湾就已经有好几十家金融机构推出了理财机器人服务。

让对话机器人顺畅地与真人对话，是人工智能领域中最困难的一件工作，江湖上号称，“不管你是只有八岁还是已经八十岁了，都可以轻易考倒这种 AI 的对话能力”。读者只要想想小学生的对话用字和成人的差距有多大，就可以理解对话机器人现今的人工智能水平了；也就是说，截至 2023 年底，还没有让大家都能够满意的对话机器人。

尽管如此，以对话机器人实现聊天服务、24 小时不眠不休地随时与客户互动，仍然是一个很有发展潜力的服务产业；从心理学的角度来看，人类对于人工智能的微妙心理，也让对话机器人似乎扮演了一个缓冲的安抚角色。

善用优化互动客服，提升对话机器人服务品质

传统的客服资讯不外乎手机简讯或 email，不仅回复不够即时，也因为看不到顾客表情及环境而无法做出正确的判断。在网络普及与社群媒体当道的现在，产业客服利用机器人或视讯，除了可以即时

回复外，更可以根据顾客的表情和环境给予更正确的回应。

想要成功打造任务型的对话机器人，首先当然必须由建立对话机器人的团队事先定义许多领域知识，例如模板、关键字资讯、对话的阶段等，设计时自然要花费许多时间；而因为自然语言处理技术与对话之间有很紧密的关系，导致改变某一个部分就会牵动整个系统，因此建置和更动的成本可能会比想象中高得多。

相对于任务型对话机器人来说，闲聊型对话机器人需要事先定义的部分比较少，但是回话的领域通常较广，要产生顺畅合理的回复是有一定难度的，所以在资料收集的部分需要多下功夫，因为如果对于年使用者所说的话无法在回复集找到恰当的回复，可能就会产生不符合使用者期待的回复，容易被看出破绽；要是资料不够多，使用者也有可能经常会得到相同的回复。另外，神经网络的语料和训练方式也会决定生成出来的回复品质，如果学习得不够好，就可能会有答非所问或者产生的句子不符合逻辑和语法的问题。

生成式 AI 演算法实现客服数字转型的梦想

近年来，AI 深度学习的方法应用在电脑理解人类语意上的突破，已为对话机器人的研究与应用带来许多新的可能性，例如金融业的理财机器人、企业官网的客服机器人、智能医疗设计的网络卫教机器人，或是医院的出院准备卫教机器人等。

在线上服务需求快速增长的现在，企业甚至可能需要 24 小时随时回应顾客，所以，有些企业已开始建置能处理常问问题的 AI 客服机器人，再加上通过线上互动渠道的数字营销已经越来越多元，有些品牌电商或云端平台服务商都迫切需要提供多元渠道的线上客服，包含官网、FB 粉丝团、Line 官方账号等。

光有客服机器人还不够，不少服务业更需要人机协同作业，让机器人自动处理大部分最常问的问题，机器人无法处理的就由真人接手。比较常见的情境是，导入客服机器人后，一般顾客可以通过线上渠道直接与客服机器人互动，常见问题可以立即解决，客服机器人同时会累积失败对话串及用户偏好资讯，以此学习提高对话成功率，当然了，较复杂问题就交由真人处理。

这一类的 AI 线上服务，在人力成本高的先进国家中已经十分普及，以营销目的或关键字触发的形式展开，针对企业需求与消费者接触并进行互动，以此提供 AI 客服机器人服务，而且一边互动，一边将收集的语料交由客服机器人后台引擎运算与学习。当然，部署完成的系统应提供管理后台，并提供关键 Q&A（问题和答案）问答集及最频繁客服问题分析，甚至归类，同时能进行知识点维护，以及相关报表资料的管理（如图 27）。

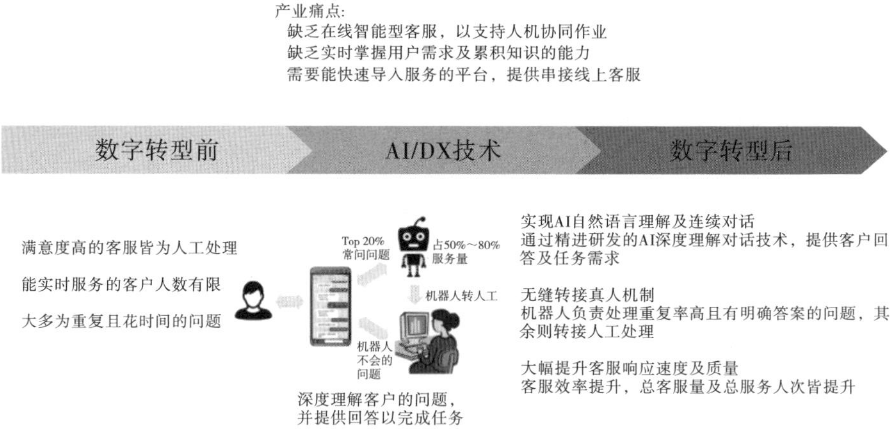

图 27　客服业的数字转型

生成式 AI 在产业数字转型上的切入点，可以是企业内部自建大型语言模型，以积极发展产业专用型应用，也可以聚焦在企业客服互动系统、公司内部资料库运用或场域的数据出现异常时的自动示警上。

在 AI 技术上，则是只要能满足自然语言对话功能、以自然语言即问即答互动即可，至于后端的词库管理，则必须具备辨识关键词、同义词、同音异字、敏感词、错别字，甚至识别营销词等功能。智能对话引导方面，系统则要能具备上下文关联、反问引导、知识推荐、建议问题，甚至近似比对的功能。

像真人一样理解客户的问题内容甚至意图

即使已有大量的资料可用，目前为止，像是 ChatGPT 在回答提问、产生内容时，仍可能出现逻辑或常识方面的错误。所以，另一个可以着墨的功能可能是多元答案的呈现，像是能支援答案的图片、影片、链接、图文、档案等，以提供多重回应答案及知识的方式。现今大部分的系统设计已经具有机器学习机制，亦即通过演算法推荐答案。简单来说，就是客服机器人能够像真人一样理解客户的问题内容甚至意图，并给予正确答案或进一步提供相关资讯。

对企业自身而言，客服机器人当然只是一种增值服务，协助企业及时回答客户购买时遇到的问题，以及提供售后服务，像是简易版的商品指南、销售资讯查询，以及针对产品的相关问题；其中可能有很大一部分是相近的，可以由提供服务的业主（如电商平台业者）事先汇整，以便让系统通过客服机器人明确回答这些常被问到的问题，让消费者可以自助式、即时地取得相关资讯，例如商品详细介绍、保固条款、销售门市、维修据点查询等，让客户迟迟等不到客服人员协助的偶然事件不再发生。

目前会使用客服机器人的企业目标客群，主要以营销类、客服类为主。例如擅长推广营销的自媒体，就可以通过官网、部落格或粉丝专页经营，与目标用户沟通其品牌的服务理念和优势，一方面可以增加市场能见度，另一方面也能提升品牌价值。

客服机器人当然也可以配合数字营销工具来推广促销活动，或是主动推播有利于营销的资讯。如果是特定客服类，还可以更积极地收集领域内之语料（如旅游用语），整合进语意分析之中，也可以根据实际客服对话内容进一步扩增连续对话情境，确保频繁客服问题能有更高的成功对话率，当然还可以搭配即时满意度调查，使消费者得到更好的服务体验。

我推、我推、我推推推的聪明推荐系统

零售业数字转型的最后决胜点，就是精准营销。

众所周知，零售业者的利润不一定很高，所以广告营销只是一种选项，例如何时进行限时抢购、抽奖等活动，但是操作方法各有技巧。对于特定商品来说，通过提高社群粉丝数来增加品牌的受众群及黏性，同时运用营销数据分析及关键字来带风向，进而主动开发潜在客户及提高特定商品订单转换率，也是业者应该考虑采用的方法。

举例来说，自有品牌的企业可以通过粉丝团，每月进行几场直播或经营网络销售的线上招商会，搭配 AI 技术在后台执行，使内容或直播瞬间提高触及率，以形塑品牌形象，开发潜在客户。另一个精准

营销的做法，则是通过自动化的推播模组，在固定时间点触发营销推播、个性化优惠讯息推播或者商品推播等活动。

一般零售业者在初次导入数字转型专案时，常见的组织编制，是包含一位专案经理及一名负责管控成效的数字首席运营官（CDO），通常这就足够了；当然了，如果能够加聘有经验的数字转型架构师（或数字转型顾问），那就更理想了。

另外，通过观察竞业资讯以预先规划营销内容与直播，也是一个有效的做法，例如每月运用直播加乘宣传效益，促使直播在线数冲到某一个最高值，就会让决策者可以借由曝光的反应来观察拓展营销机会。

转型的第一步，应该是运用业界过去熟悉的大数据分析技术来制定营销策略，进而导入社群活动，设计提高社群粉丝触及率的活动，以增加品牌的受众群及黏性。当然也可以利用线上 B2C 销售平台的资料库，通过特定关键字来搜寻主要网站或平台的文章，主动推广产品；与此同时，也可以运用成熟的数据分析技术来提高 B2B 潜在代理经销的触及率，最终通过提高社群粉丝数来增加品牌的受众群，这也是一个从保守做法做起，进而“摸着石头过河”，逐步开展出来的数字营销方式。

多样化的 AI 推荐系统是成功的关键

其他的数字营销方式还有像是利用每月执行固定次数的社群帖文点赞、留言、分享，通过品牌与消费者的回馈，搜集产品优化方向依据，也可以利用 FB 或 IG 演算机制，依照单位时间、人数、互动次数等参数制定基准，使用 AI 技术来提高触及率，且好好规划每次、每篇帖文，做到至少都能带来数百个赞、数百则留言或数百次分享，最终成功提高直播流量。

加上 AI 推荐系统，能够为零售业者带来不可忽视的价值，除了可以提升使用者端的使用体验外，从零售业端的角度出发，更可以利用推荐服务来吸引更多兴趣相似的使用者，甚至可以利用 AI 推荐系统来协助销售。以电子商务平台为例，就可以利用 AI 推荐系统找出相同兴趣的使用者，以此增加不同商品的交叉曝光度。

另外，疫情严重时期消费者大幅减少外出购物的频率，导致了线下销售额直线下降，为了提高线上销售额，许多零售业者都利用 AI 技术进行数字转型，提高直播效益及社群媒体的黏性，在实体专柜营收衰退的同时，借此稳住公司整体成长动能，也进一步通过线上传播来提高品牌知名度。

另一个新冠疫情重要的影响则是，许多人发现，只要有网络连线，地理位置的影响已变得没那么重要，许多消费者因此搬离市中心，住进人口较不稠密的郊区，这样一来，过去较有地域性的营销方式也不得不跟着修正。有些零售业者于是聚焦于提升在线人数、自流量，不但以此拉高了品牌知名度，而且还同时有效降低了品牌营销及宣传成本。也就是说，以降低广告费用及提高粉丝群活络程度的方法达成了精准营销。

这些做法，应该都能为传统的零售业内部注入数字能量，提升资深员工的资讯技术能力，并能善用数字工具，通过资料分析而更清楚顾客轮廓，达到“上架的货品必定是顾客需要的货品”的目标。如此一来，不但可以做到“货畅其流”，实际产生的效益更可能大幅提升新零售业者投入数字转型的意愿。

AI 推荐技术是精准广告投放的靠山

人类的喜好与习性，始终是相当复杂的社会学问题，例如在电商平台上，同一个品项就可能有五花八门的商品，时常让人面临“选择障碍”的状况。

单就购买手机而言，背后的性别偏好、颜色喜好、消费喜好、款式喜好等议题都是很大的学问。另一个有趣的类似例子是眼镜，台湾地区眼镜行的数量在这些年来不断减少，从十年前全台约 6000 家，已降至目前仅有约 4000 家，因为主要消费族群中的消费者，特别是年轻人，已经习惯戴隐形眼镜，在日抛隐形眼镜日渐取代传统眼镜的大环境下，整体眼镜行的利润下降，导致没有加入连锁经营的独立店难以生存。

然而，手机也好，眼镜也罢，只要零售业者能清楚洞悉消费者习性改变的趋向，就很可能继续保持领导地位。在全球市场变化快速、竞争激烈、顾客期望不断提高的时代，如今的龙头企业已经很难长期保持领先地位，加上像是年轻世代目前已经不太会主动走进实体店，网络商城当然就是最重要的人与物之间的第一个接触点。更别说现今的消费者大多喜新厌旧，市场僧多粥少、竞争激烈、变化剧烈，以及网络零售迅速占有市场，这些都对零售业的营收造成极大压力。

举例来说，过去许多占有绝对优势的领导品牌，如今早已不再受人青睐，诺基亚（Nokia）、百视达（Blockbuster）与玩具反斗城（Toys Я Us）都是典型的被消费者无情下架的例子；反过来说，在这些大型零售业凋零的同时，也诞生了一些专攻狭窄产品类别的利基型公司，可以说是数字转型的典型代表，它们通常开发“自有品牌”系列，以许多专有产品加上高度风格化的方式搭配组合产品，不仅更贴近消费者的习性，同时借由精准的广告投放，不断提升顾客心目中的品牌价值。

所有的零售业店长都明白，想要提高顾客黏性就必须提升店员专业素质，同时根据市场调查结果调整贩售品项，但实务面是数据量庞大，人工整理分析需要耗费大量人力和时间成本，所以势必依赖数字化系统演算，以便分析顾客偏好。

一家公司之所以能居于领导地位，往往是利用数据超越竞争对手的成果。是的，数字优势就是关键，因为数据掌握了人们如何工作、娱乐、学习、社交、旅游，以及进行其他与商业相关的任何活动。一旦你能妥善使用数据，提供个性化的顾客推荐、产品更新，甚至广告优化，广义来说，也就实现了所谓的“流量变现”的理想了。

AI 推荐系统能清楚掌握消费者的选择

传统上，一般人理解的“推荐”，不外是基于某家公司销售历史资料，将商品推荐给潜在消费者。通过将商品设计成“不同的标签”，如颜色、风格、机能、材质、类别、尺寸等，搭配销售资料交叉分析出热销品的特点，用来作为商品的推荐品项。例如：热销商品应该放在网站上的商品第一排，或是热销推荐栏位；如果是实体店，热销商品放在结账加购处最能提高购买率。

另一个根据推荐所做出的重要决策，则是更巧妙地运用 AI 演算法。当程序自动建议某些推荐方式时，零售业者当然也就会通过广告的手段、用推荐的方式营销给顾客。一般的 AI 演算法设计，是通过商品标签与会员标签来计算合宜度，再辅以气候、消费力及附近人口的平均收入级别等进行交叉分析，即可精确建构出最佳商品选择及营销广告决策，也就是理想上可达到的最佳效果，亦即优先将对的商品推荐给对的顾客，进而提高成交率、商品周转率，来降低销售的营销成本。

一般而言，目前绝大部分零售业者后端的 IT 部门或资讯服务公司都已经拥有大量的消费者资料及其购买行为资讯，但那只能说是“初级”的资料，必须将这些“初级”资料转换成另一种形式，以便于了解消费者与商品之间的交互关系。

详细的做法，是通过这些资讯来计算代表每个消费者的推荐值，例如每个消费者记录中的商品选择偏好，包含已购买、点击过但尚未购买、加入购物车但没有结账等。除了记录每个消费者点击的行为，还要通过自动上标签系统进行主要品项及种类的分类，一方面计算该消费者整体出现的概率与对应类别的比例，以作为训练模型的基点，另一方面进行类似行为的分析与动作预测。

另一种做法则是通过各种分类标签的概率值，建立消费者的行为模型，以预测消费者行为与实际购物行为之间的关联，最终建立整体的加权关系树状结构图，用于再营销与推播讯息传递的决策。

一个从大门市走向数字转型的成功案例

台湾地区的一家美妆与保健商品企业，正是零售业数字转型的极佳案例。该企业过去是实体门市的大户，网络大潮来临时，当然也想成为线上优质电商平台；从这个观点出发，企业期待在数百家实体零售门市的加持下，能够一举整合线上与线下双重通路，提供客户全方位美妆保健购物服务。

于是，自 2021 年起，该企业巧妙地整合 AI 个性化推荐软件，加上通过 IG 的特性推播产品个性化的推荐故事。例如，日用品、睫毛膏或保养品的私密对话，再配合女性消费者的浏览与购物行为，归纳出可能的喜好度，进一步配合手机购物 App，更加强化互动性，最终有效提升的成交转换率据说超过 10%。

接下来，该企业进一步整合线上与线下消费购物的客户数据平台（CDP），先以 AI 演算法彻底梳理清楚数百万一般会员与 App 活跃用户的资料，再提供客户最佳化的商品推荐，一步步引导客户从线下行为，例如在门市买两包卫生纸，转换至线上消费，或是引导喜欢在网络上逛街的线上客户，通过领取折价券或现场抽奖的活动前往门市消费，甚至通过 AI 模型来预测节庆的档期营销，都是相当成功的 AI 演算法应用。这些 AI 技术，不只可以提升客户的转换率及回购率，甚至可以通过演算法计算比如八点档电视剧的广告投资报酬率。

老板，AI 演算法把顾客宠坏了

精准的 AI 推荐系统是零售业营销的关键工具，也就是我们常说的“千人千面”的意思，能够通过流量加上数据来达成，自然就可以实现精准的广告投放，当然也就达到分众营销的目的了。

AI 推荐系统的终极目标，当然是设计一套可以针对不同商家的客制化产品的推荐程序，期待能适用于每一位消费者，当预测结果与实际购物行为有落差时，AI 演算法可以从这些明显异常的记录资料中学习有用的资讯，进而提高推荐系统的准确率，这就是精准的 AI 推荐系统。

复合式资料 VS 推荐系统

另外值得一提的是，将不同资料库的资料进行混搭以做到加值的应用。例如 A 公司拥有的电子商务相关资料包含顾客资料、销售资料、广告投放资料、社群与网站资料，B 公司拥有的资料则包含地区人口社会经济指数、信用卡消费样态、超商消费样态等关键购买力资料。这些都可以整合进 C 公司产品——包含男鞋、女装、皮包、配件和保养产品的资料之中，再把主要栏位如产品名称、类别、尺寸、颜色和材质等基本资料结合进外部营销资料，可能包含当季鞋子、服饰的搜寻热度、流行趋势整合应用等决策中，进一步做到提供即时且动态的个性化预测应用服务。当然了，一切都必须以来自大量使用者过去的历史资料为基础。

在推荐模型整合分析出消费者较喜爱的各种设计元素、颜色及搭配历史气候温度之后，就能调整商品上架日期，让公司的设计师通过这些资讯，设计出让大部分消费者都能接受的商品，并根据不同季节变换颜色、款式及风格，让消费者选购时缩短犹豫时间，以提升商品周转速度。在一般媒体报道的“快时尚”概念中，服饰的销售本就有明显的季节性，商品必须按照季节分门别类，不断推陈出新，才能获得消费者的青睐。对服饰业者来说，产品生命周期变短，商品的上下架速度就要变快，所以不管是销售分析还是库存管理，提升商品流通的速度及效率才是时尚业经营的重点。

个性化推荐模型可以紧贴时尚潮流，轻易归纳出顾客喜爱的风格与类型，甚至提供更值得设计师参考的设计方向；通过推荐模型，除了可以归纳、分析出较受欢迎的商品，还能配合分群分众营销，让消费者有兴趣点击广告，增加触及人数。可以说，未来零售业数字转型后的终极目标，就是通过精准分析顾客整体购物流程，进而提供更个性化的专属营销及购物页面，提升顾客的消费体验（如图 28）。

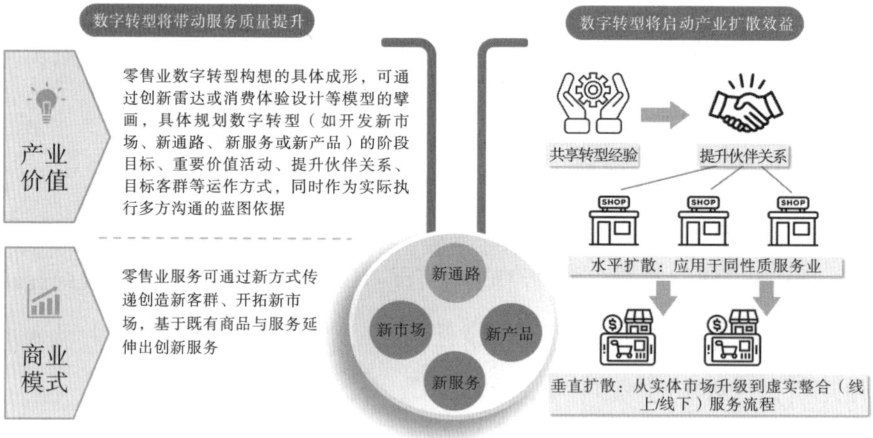

图 28　零售业可能发展的商业模式

我举一个服装时尚业的案例来说明数字转型的成效。

服装时尚业善用 AI 也能放大数字营销漏斗的效益

台湾地区中部有一家顶尖的服装时尚品牌公司，过去一直生产以消费者为导向的时尚商品，设计服饰、配件、鞋款，近年来，也率先踏进了快时尚的数字转型过程中。

一般而言，服饰或配件等通常存在普遍性的多种产品属性，例如类型、尺码、系列、颜色、风格、定价点、品牌等，不容易做到一次性直接以演算法贴标签，也不容易直觉式地产生设计构想，必须经预先设计好不同的标记再与外部环境其他资料交叉配对，才有可能形成新商品开发建议。

然而，通过以消费者角度为导向的商品设计，至少第一步可以做到控制进货量，当然也可以减少相对存货量，并有机会在台湾地区不同直营门市，或是根据地方性的气温差异适当分配各类产品数量，也就是所谓的“在最合适的地点，提供最合适的商品给最合适的消费者”，这必然有利于加快商品的周转速度。

服装时尚零售业的精准营销策略，最重要的就是市场的区分与定位。堪称不败的铁则，就是利用演算法技术。因为唯有准确区分市场，才能保证有效的产品与精准的品牌定位。所以，这家服装时尚品牌公司数字转型的第一步，就是掌握大量的资料，包含顾客的基本资料、完整的产品资料与过去的销售资料，因而能够进行时尚产品 AI 分析并建立相应形态资料库，以准确进行市场定位的分析。

其他的具体营销做法，是针对不同消费族群使用不同的资讯传播工具，先分析具有代表性的消费者的不同特征，如年龄、职业、收入水平或社会经济地位以及是否有明显的地区性等，然后再建立不同传播沟通体系以提高预警效率。对于服装时尚产业来说，最常用的传播沟通方法就是 DM（快讯商品广告）、EDM（电子邮件营销）、简讯、社群软件广告、电视广告、网络推广等。

AI 精准营销策略的最后一站，当然就是对消费者提供的售后保证与加值服务了。例如，对消费者实施免费会员制度，提供点数累积与折扣等诱因，再动用 AI 演算法机制，根据消费者的购买与浏览记录等资讯，针对性地提供专属回馈与优惠等服务，当然也包含 AI 个性化推荐；如此多管齐下，不仅可以提升消费者再次购买商品的意愿，也可以为公司留住忠实顾客，进一步创造更多可能的经济效益。

主题 8

让 AI 帮你在环境保护法规下达成企业永续经营

为下一代、下下一代负责任的故事

20 世纪 80 年代，牛津大学的一群教授发现，有着 300 多年历史的大礼堂出现了严重的安全问题。

经过检查，这个大礼堂的 20 根横梁已经风化腐朽，需要立刻更换。每一根横梁都是由巨大的橡木制成的，而为了保持大礼堂 300 多年来的历史风貌，必须也只能用橡木更换。在那个年代，要找到 20 棵巨大的橡树很不容易，即使找得到，每一根橡木的价格估计至少 25 万美元，这么庞大的经费，当时令牛津大学一筹莫展。

你想不到，他早就想到了

想不到，校园园艺所的职员就在此时向学校报告，原来，300 多年前大礼堂的建筑师就已考虑到后人会面临的困境，当年就请园艺工人在学校的土地上种植了很多橡树；如今，每一棵橡树的尺寸都已远远超过了横梁需要的尺寸。

真令人难以置信！一名建筑师竟然在 300 多年前就有这样的用心和远见！

有人说，那位建筑师的墓园可能早已荒芜，但还履行着他的职责。不论是他还是我们，这一代人都应该为下一代、下下一代人种树，而那就叫“永续的责任”。

我们每天生活在这个地球上，所使用的资源其实很少是上一代留给我们的，绝大多数都应该说是“向后代借来”的；有借就必须有还，但很多资源，比如石油和各种金属矿物，我们可能永远无法偿还，所以说“借来”还算客气，认真地说，其实我们是向自己的后代“偷来”的。

先有策略规划，才有永续发展

在当今追求永续发展的时代，**科技和数字转型**有机会成为**实现永续环境、循环经济和永续经营**的关键策略。成功与否，重点在于能不能把数字工具应用在推动创新、提高效率上，从而**使经济体系转向更可持续的方向**。

以城市生活来说，制定策略规划时，就应该先聚焦在通过数字工具中的物联网、人工智能和大数据等技术，以实现将来更友善的智能城市、智能能源管理和智能交通等解决方案；用对数字工具，我们就可以监测和优化能源使用、减少废弃物产生，并提供更绿色和可持续的城市生活环境。

就个别产业来说，有了完整的策略规划，公司的决策者才会更清楚永续经营的方向；在形塑产业转型之路径指引上，可以依据自身内部与外部的数字资源，**从企业社会责任的视角出发**，在所有的产品及服务的开发过程中置入循环经济的观念，也让消费者在获得最好服务的同时，**对环境保护有更深刻的参与感**。

数字科技提升环境永续的效益

此外，科技和数字转型势必有助于**建立循环经济**，因为这种经济模式鼓励资源的有效回收和再利用，以**减少对有限资源的依赖**。通过数字化和物联网技术，我们可以启动资源追踪系统，从而**实现资源的循环利用和废弃物的减量**。

另外，在全球追求净零碳排放和推动 ESG 责任的浪潮下，企业也不能不运用数字科技来实现永续经营包括思考资源使用的方式、减少碳排放、推动绿色转型等方面的努力。除此之外，数字转型还可以推动企业实现**以数字工具提高生产效率、节约能源**，同时**降低对环境的影响**。例如，数字化制造和自动化流程可以减少能源消耗和废弃物，同时提高生产品质和效率。而且，科技还可以帮助企业**识别和应对与气候变化和环境影响相关的风险**。

总之，在利用科技和数字转型来实现永续发展时，需要的是所有产业的共同合作、资源整合和专业知识以提出解决方案，才能共同建立一个更绿色、更可持续的世界。

猜猜看，LV 包的扣件是哪里生产的？

每个人都喜欢看到闪闪发亮的东西，因为除了容易吸引目光，它还给人一种洁净感。

从我们每天用餐时都可以看到的洁净餐具刀叉到脚踏车零组件，以及航太、医材等高科技材料，都可以看到这些闪闪发亮的东西，当然也包括女性喜爱、代表时尚感的 LV 包的扣件及标牌。然而，那些闪闪发亮且造型独特的标牌与扣件，通常在制作过程中都必须经过精细的抛光，甚至电镀昂贵的纯金或铂金，利用贵金属外观质感大大提升产品的层次，其实已是高档品牌的设计日常。

只不过，这类需要精细表面处理技术才得以实现的物品，通常却是由典型的 3K 产业制造出来的，一般而言，工作环境都很恶劣；所幸，台湾地区多数厂商如今都已大幅改善工作环境。

然而，因为是典型的传统产业，长久以来缺乏先进的自动化设备，许多加工技术仍然使用传统经验值判断的方法，导致无法精算而使电镀工厂造成化学用药浪费；同时，近年来环保法规日趋严格，消

图 29　表面处理业的水资源使用需符合日趋严格的环保法规

费者环保意识提高，因而社会普遍对企业 ESG 标准的要求升高，日趋严格的环保法规对于污染防治、环保废水的严格要求已成为业者面临的极大挑战（如图 29）。

就连水资源的运用，也已受法规限制，应对之道，常见的是采用环保水循环以减（节）水，让整厂水资源能更有效地运用；除了间接提升整厂产值，还有机会提升企业绿色生产形象，一举数得。

友善生产管理转型以提高运营效率

以技术实现节能减碳的故事不少，例如产业发展模式的永续与低碳转型，或是绿色物流与运输，甚至连负碳排技术都有实现的空间——“负碳排的椅子”和“负碳排的啤酒”都已问世。所谓负碳排技术，是比如把二氧化碳储存在生命周期长的产品身上，像是废弃木材不以燃烧处理，而是制成家具、建材或地板，这些木材就会继续储存它先前储存的二氧化碳；使用再生大麦和回收啤酒花来酿制啤酒的话，酿制啤酒时从大气中消除的温室气体就会大于制造中产生的温室气体。

有了 AI，友善环境更简单

制造业里，以 AI 技术实现节能与减碳也有数不清的案例。像是通过 AI 软件监测加上最佳化演算法，进行自动操作参数建议，以实现中央空调的最佳冰水机节电操作；制造业中的石化、钢铁、金属加工产业，则将重要设备的详细运转数据通过 AI 软件提供的异常侦测演算法进行设备劣化的早期预警。这些，都已经有不少成功的案例。

此外，像是借由机器学习演算法中的 AI 预测模型与数学回归模组，不论是在绿色产业中预测制程废水回收系统的纯水产量及浓水产量，或是监测及警示设备即时状况，都可大量节省资深工程人员的时间成本，或是错误发生时进行重工操作维护的人力成本。

由于表面处理工厂一般皆使用连续性的制程以降低成本，所以大多数的数据都具有时序关系，因此需要导入特征工程，集中储存特征变数与时序资料。一般来说，建立 AI 模型前资料集会先切割成训练集与测试集；训练集的作用，是教导模型通过调整分类器的参数以训练分类模型。通过训练集挑选出最优模型后，再使用测试集进行模型预测，用来评估该最优模型的性能或分类能力。这时，通过评估的 AI 模型就可以上线进行真实资料的实测了。

传统产业的第一波数字转型的创新其实是有其利基的。光是想象开发一台半自动或全自动进行表面处理工件瑕疵监控的设备，相信就对台湾地区约 1300 家的表面处理业者很有吸引力，所以，这些表面处理业者自然成为将来潜在的购买客户。

其他以 AI 智慧应用在表面处理工厂可能提升的相关技术，包括如机台使用仪表板监测技术、水回收技术、自动化品检、整厂用水平衡概念、数据分析管理及场域验证技术等；综合以上各项技术的整合，相信未来能提高台湾地区表面处理业者的专业能力，并提升产业的技术层次与进入国际市场的竞争力。

高雄气爆可以预防吗？

近年来台湾地区接连发生数起重大的火灾，发生于 2014 年的高雄气爆管线相关工安意外就是其中之一，一夕之间造成 32 人死亡、超过 300 人受伤，如此严重的人员及财产损失，部分肇因于管线设置历时已久；可想而知，未来的风险恐日渐提升，随时会引起社会的不安。

此外，源于供应台湾地区产业及民生的能源需要，燃气与油料的管线铺设范围遍布各地，输送物质全部属于可燃、易燃性质，肇致环境污染的可能性也很高，一旦发生油气泄漏事故，易致火灾、爆炸或环境污染，将是可怕的灾难。

不只台湾地区，全球每年因为工安意外而付出惨痛代价的事件也不胜枚举，其中，金属材料焊接不良或腐蚀正是引发这类工安事件的主因。尤其台湾地区处于海岛型高温、高湿气候环境，大多数已发生的工安问题更都与石化金属管线的焊接不良或腐蚀息息相关，可是，石化厂的设备及管线偏偏大都位于腐蚀环境极高的沿海地区，且石化设备操作常处于高温、高压或高腐蚀环境，设备管线本就会逐渐因腐蚀、劣化而破损，一旦油气泄漏，当然就会导致重大意外事故。

非破坏性检测可望成为防范管线工安意外的解方

当世界各国对于地下管线的安全管理越趋重视时，台湾当局相关单位更应积极规范金属管线的生产检测与运作的监测，间接可带动非破坏性检测技术的扩散。规范的范围，应该包括如石化厂、发电厂、焚化炉等压力容器的焊道检测，以及非破坏性瑕疵检测等专业工作。此外，制造业利用非破坏性方法检测产品品质或侦查设备的腐蚀物件，未来还可带动台湾地区非破坏性检测技术的整体能量，预期可创造出每年至少数十亿元新台币的自动化非破坏性检测的市场价值，以及有效带动例如高阶风电设备制造产业市场生态系的经济效益，也可为台湾自行制造的可再生能源设备加分。

以往的非破坏性检测工作，一直是一种劳力密集且专业技术性高的产业，重度仰赖有经验的非破坏性检测专家，但检测专家技术门槛高，故此产业一直面临严重的的育才与留才问题。

此外，除了管线巡检仰赖有经验的专家，检测结果的判定实务上仍需技师专业判定，一旦老师傅退休，就会导致生产管控上及厂房巡检面临技术断层的难题。所幸数字化的空拍机队巡检已逐步接手这项棘手的工作。然而与此同时，近年台商回流设厂的投资动能强烈，带动厂房建材用钢材需求逐步增强，加上台湾地区绿能风电用钢管需求在接下来的五年内还将大量释出，以及新冠疫情之后，东南亚等发展中国家基础建设计划将带动建筑及能源相关的大型机械设备需求，这些市场规模近期皆开始有大幅的需求与订单，非破坏性检测技术的转型已迫在眉睫。

非破坏性检测业流程的数字转型

如何维持金属钢管品质恒定，有效确保大型金属结构建筑品质与油管耐用年限，以避免重大公共灾害发生，一直是重型金属制造业的首要任务。过去金属焊道瑕疵检测的判读皆为人工目视判读，耗用人力，且需要具有证照、丰富经验、细心又有耐力的人员才能胜任；为了避免判读盲点、疲劳造成误判，往往需要多组人员交叉判读，势必导致时间、人力成本增加。在现今的生产设备已高度自动化的生产条件下，毫无疑问，人工目视判读已成为自动化生产的瓶颈所在。

各项工业制造领域中的焊道、管件、材料及机件，瑕疵侦测、瑕疵大小的量测、腐蚀及厚度的量测，皆属于非破坏性检测的专业范围。而为提供各项工程品质稳定的产品，产品就必须经非破坏性检测品管合格，并依产品国际标准制造规范检验合格，才能提升未来工程品质的稳定性。

NDT 检测可发展成一个产业

所谓“非破坏性检测”（NDT），其实是业内行之有年的一种工业检测，其中又以数字化辐射照相检测（RT）及超声波检测（UT）最为普遍。

RT 检测设备的特点，是以数字影像的成像原理，直接通过数字扫描成像，免除洗片的作业程序，大大缩短成像时间，提高检测工作效率。例如检测钢管的金属焊道瑕疵 NDT 时，会先进行钢管数字化底片取像，资料收集取像后，再送至后端检测服务器主机进行影像处理与 AI 判读（如图 30）。

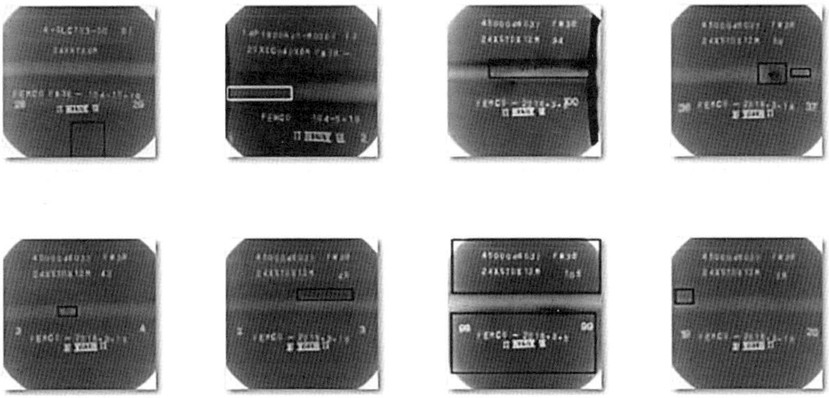

图 30　NDT 所使用的 X 光照片

传统非破坏性检测大多为 RT 的射线取像，底片输出保存，由有执照的专业技师通过判片灯进行判片检测；因此，底片数字化可以协助厂商管理与保存底片，同时可以即时发现设备瑕疵，并可追溯有缺陷的批次产品，进而控管生产品质。未来可带动金属钢管、石化或钢铁的铸件产业，通过 AI 瑕疵检测装置的智能辅助，以强化生产制程的 NDT 检测可靠度及准确度。

在数字化的过程里，检测设备会进行产线上的良品或不良品的收集与拍摄，以取得数字化瑕疵影像资料，并尽可能收集完整的样本；不过，底片瑕疵标注还是要由有经验的技师来完成。为避免判读经验值差异，合理的安排至少要有两位以上的技师协助影像标记与修正。通过简易影像标注工具，技师可框选、标示影像瑕疵，以及标注最后的瑕疵类别，例如制造过程中的融合不良、渗透不良、裂痕等瑕疵，对这些已标注的影像进行 AI 模型的瑕疵判读训练，不仅将来可以正确判别焊接瑕疵类别，还能计算瑕疵尺寸及大小。

AOI 检测的应用场域广泛

在 AOI（Automated Optical Inspection，自动光学检测）应用上，瑕疵检测大多以机器学习中的物件检测演算法代替技师的眼睛与大脑，配上有视觉感测的设备，检测出产品的缺陷，迅速判断并挑选出合格的产品。

传统 AOI 瑕疵检测，容易因瑕疵类别及标注固定而无法提升检出率。反之，以深度学习为基础的 AOI 方式则可以借由循环训练漏检资料，逐步提升检出率，累积一段时间的循环训练后，便可能超越传统 AOI 的检出效果。未来若再次发现有漏检，回馈训练至深度学习 AOI 系统即可修正，或是由专业判读技师将检测错误的结果进行人工调整修正，回馈至 AI 模型继续学习。因此近年来，包含半导体制造业、其他全自动化生产线的业者，皆已逐步导入 AOI 瑕疵检测方法来实现不停机及减少人力的高效能品管措施。

展望未来，以半监督式学习法可大幅减少标记量，甚至降低错误标记的训练干扰，自动化的数字 RT 检测设备将以影像数字化扫描技术更快速、完整地搜集影像资料，再针对数字化影像进行瑕疵类型识别，并由 AI 逻辑判断、分类瑕疵，协助线上判读技师快速判断有无瑕疵及瑕疵类别。将 AI 技术与机器学习演算法实际应用在制造业的生产线上，已是非破坏性检测产业数字转型的典范应用。

此外，若能利用先进的超声波检测技术（如三维相位阵列超声波），未来将可促成借由自动检测技术的生态系形成，提供更多元制造产业更佳检测技术服务；例如发电厂核心设备、风力发电机组、高压锅炉、游艇船体、高阶玻纤复材成品等，制造时就可利用阵列装置，使得检测人员能以多重视角分析设备，找出船体内部潜在的瑕疵，对焊道裂纹、结构空洞、层离与可能炉管流体加速腐蚀等现象建立有效的预知初期状态的模型。此外，相位阵列超声波的裂纹成像等技术，亦可提早得知管线潜在问题的所在位置，使预期瑕疵导致将来破裂的概率降到最低。

这些智能化科技，如底片数字化品质判读技术、AI 技术模型训练、瑕疵类别区分定义、金属钢管数据库建立，以及最终实地场域验证技术的规范制定等，未来势必都会商业化，以提升相关检测的精确度与开发应用。综合以上各项技术的研发，相信未来能提升生产制程的检测技术，稳定生产品质，不仅可以制造品质稳定的金属及石化管路，还会扩散到其他金属机械的相关制造产业，共同提高金属机械产业进入国际市场的竞争力。

垃圾也可以变成黄金的资源回收

人类消耗的自然资源，其实早已超出地球的供应量，而循环经济正是一个资源可回收、可再生使用的经济与产业系统，愿景在于借由重新设计材料、制程，以及回收或避免废弃物的产生，让地球资源能够循环再生、不断被利用，达到价值的最大化。

近年来蓬勃发展的资源再生业，便是环保生态圈中最基本款产业，从事的就是工业废弃物中废水、废液、废塑胶的再生和再利用。由于传统资源再生的生产方式高度依赖人力与操作经验，鉴于专业人员培养不易，当遇到人员异动时，为了制程与产能稳定，就需付出相当高的人员教育训练成本。

固体废弃物的回收

固体的循环再生产业中，以塑胶废弃物的再生最为常见。

再生塑胶粒加工是一种典型的资源再生产业，也是环保塑胶材料的大宗，目前台湾地区的再生塑胶粒均以生产线的方式大量生产，由于市场行情随时间波动，为了控制产量以维持最佳获利，因此生产线上的生管非常重要；然而生产过程中有许多制程参数（如进料量、制程温度、滤网目数等）交互影响最终的产能表现，过去经营者都只能等着看实际生产的结果，而无法提早得知（预测）产量，经常成品清点后才发现亏损，无法符合生产效益的要求。

废液的回收

至于液体的循环再生，典型的稀有资源再回收产业就属废酸液再利用。所谓废酸液再利用，是通过化学反应以还原特定成分或金属；虽然化学反应方程式相对简单，但在实际反应槽中，反应过程仍存在相当多的不确定性，在影响着反应的时间与产品的品质，包括投入反应的原物料成分比例、投入量、反应过程中的温度变化，以及设备运作负荷量等因素，都可能影响反应槽的反应时间，也就直接影响了产品的生产效率与设备稼动率，当然也影响产业的利润。

为了达到“扩展回收材料成高值化产品”的目标，资源再生产业也在努力寻求数字转型的机会；但是，由于目前业界尚未开发出搭配制程最佳化模组与机械联网模组的回收再生机械设备，所以只能以小型生产线作为试炼场域，尝试将控制软件与回收再生机械设备相结合，并完整输出至资源再生同行或下游厂商，提高设备附加价值，在产业价值链上发挥上下游厂商垂直整合开发资源的效应（如图 31）。

图 31　典型的资源再生回收场

以循环经济方式优化生产决策

翻转塑胶粒加工资源再生业的 AI 解决方案，当然是以达到“智能化循环经济”的产业升级为目标。第一步，就是将 AI 应用于制程产量预测功能模组实现，然后优先导入工厂内的大宗塑胶粒再生回收产线，之后再逐步应用 AI 技术于其他特殊用塑胶的制程参数最佳化。

另外，导入设备联网后，不但可达成生产资讯数字化与可视化，还能建立生产履历追溯，并进行制程参数优化以提升产能。数字化后的厂商，则可借由收集温度、电流、电压及滤网目数等生产数据，利用演算法分析来得到最佳制程参数，进而一步步朝向智慧生产迈进。

打造回收制程不断再合理化的流程

至于废酸液再利用产业的生产管理与制程优化，则是一个更精彩的环境友善旅程。

由于废酸液的产生与储存攸关环境安全，因此，过往总是由工安单位在监管，同时厂地一定位于工业区的角落（因为大家避之唯恐不及），所幸这几年环境保护意识提高，也让一般产业界开始正视废弃液体的处理技术。

过去，处理废液的生产与反应高度仰赖现场较具经验的老师傅，不但都由他们来决定化学原料投入的比例与数量，原料加入反应槽一段时间后，还是由这些老师傅依照经验及手掌接触槽体而感觉到的温度来判断反应是否终了，再进行产品抽测。这种纯靠人员经验判断及体感量测的模式当然不够精确，不仅存在一定的风险，也容易间接低估设备的产量。

这个产业的制程优化过程，是聘请有经验的数字转型顾问，针对回收制程进行制程弱点分析，从进料、混合、反应到调整等各阶段都要求检验成分，以确保有效掌控再利用产品制程中的品质与制作程序。接下来，因为投入的反应原物料中，每批次清运进厂的进料品质无法稳定控制，重点便在设定详细的进料品质监测项目；再利用反应过程中亦须控制反应程度，避免剧烈反应，造成危险。经过制程评估后，就要加装必要的各式感测器以建立生产记录系统，有助于建立完整的标准作业程序，升级成稳定制程，同时精确记录过程中的各项产出物。

走向环境韧性的第一步

以下的两个实际案例，第一则是关于台湾高雄地区一家进行循环经济的废液处理工厂的数字转型的案例。

这是一家典型的传统产业工厂，也是“把垃圾变成黄金”的好例子，过去专门将废酸洗液通过再利用制程生产出氯化铁，而氯化铁是与人类生活息息相关的化学制品，例如可以用在印刷电路板的蚀刻。这个案例，是运用 AI 将资源回收的生产线导入优化制程。

数十年来，工厂的生产过程都高度仰赖厂内较具经验的老师傅，爬上爬下看设备，摸反应槽，几乎完全由他们决定原物料投入的比例，如多少量的废液需搭配多少盐酸和多少废铁，这个专业经验决定反应配方的数量、反应槽作业数量等；后来，厂方以 AI 演算法顺利找出最佳的处理配方剂量与预测反应产物的品质，完成了初步的数字转型。在实际互动的过程中我深刻体认到，现场实作结果不但减少了每个反应槽的反应时间，节省了能源的消耗，而且提高了产品产量，更解决了专业人员的经验传承问题。

案例中的生产线流程数字化的步骤，往往是在多次访谈现场老师傅与经验数据分析之后，双管齐下才得来的。要是想建立一套产量预估系统，就必须提早得知目前正投入的相关生产参数是否符合既定的生产效益标准，同时在数字化的过程中，还要把已经记录下来的阶段性生产数据（一般大多为纸本）转换成数据资料库，并汇整、建立成资料表与数据关联，再进一步通过探索式资料分析解析变数，甚至有必要侦测离群值，然后再进入特征工程，以去除原始数据中的杂讯和冗赘值，设计更有效的特征，以描述求解的问题与预测模型之间的关系。

第二个则是关于台南地区以循环经济的方式进行废塑胶粒资源再生的案例。

这个 AI 解决方案应用在生产管理的目的，是因为杰出的第二代接班人为了精确预估塑胶粒再生产量而进行的数字转型。当经过数字化将纸本生产数据都传入资料库之后，就能掌握每小时产量的历史数据，相当适合采用回归分析或监督式机器学习方法来建模，利用过去真实的记录（答案）来修正模型，进而达到提高准确率的目标。

分析时，可能会利用非监督式学习的演算法来进行特征工程，以便找到适合的特征集。一般而言，AI 的预测是基于演算法背后的假设，不同的 AI 模型存在不同的优劣点，通过演算法预测绩效进行比较，就可找出最适合的 AI 模型，当模型确立后，会定期产出预测报告来协助业者做商业决策，以发挥 AI 最大化效益的作用（如图 32）。

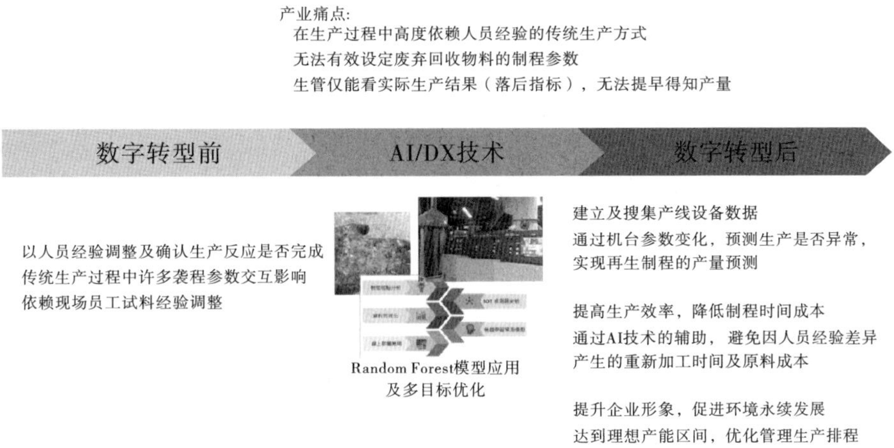

图 32　资源再生产的数字转型

结语
数字转型与环境永续

明天过后

20 多年前好莱坞电影《明天过后》（*The Day After Tomorrow*）上映，给全世界观众上了一课：尽管人类享有科技文明带来的舒适生活，但夏天一年比一年热，冬天变得越来越冷，区域性的干旱或暴雨，让人类很难预测气候变化，等意识到的时候已经来不及了……

多年来，人们逐渐达成一个共识，即“人类并非地球的主人”。说得夸张一点，人类只是地球的管家而已。可以看到，自工业革命以来，人类努力发展文明，随着生产技术的不断突破，伴随而来的却是生态环境被过度开发，以及极端气候的灾难，人类也因此付出了惨痛的代价；只有我们担起地球“管家”的责任，不随意破坏生态平衡，我们的后代才有可能继续在地球上好好生活下去，说白了，保护地球的最大受益者，其实是每一个人及我们的下一代。

2023 年 12 月召开的第二十八届联合国气候变化大会上，近 200 个缔约方代表达成了共识，承诺在未来 10 年内加速推动地球的能源转型，以便在 2050 年前实现净零排放的目标。值得注意的是，各缔约方必须付诸实际行动，会议期间不少官员和专家学者们一致认为，应利用数字科技的力量来达成这一目标。

近年的全球大趋势是净零碳排和推动 ESG（环境、社会和公司治理），欧盟及其他发达国家为实现降低碳排放和减碳的目标，皆已通过立法逐步取消免费的碳排放配额，同时提高对水泥、钢铁等产品的碳关税。所以企业在运用数字科技落实数字转型之际，更应考虑如何永续经营。

上市公司要撰写《永续报告书》，规模较小的中小企业也要依据供应链的法定合同向上游企业提供真实的永续数据，并承诺推动 ESG，以实现气候风险管理。

数字转型最终章：企业永续经营

当企业积极发展以科技导入数字转型时，如何兼顾环境永续经营成为一个迫切需要面对的重要议题。唯有通过这样的努力，企业才能实现永续经营。以下提供一些产业参考：

1. **减少碳排放**：许多企业已将减少碳排放视为永续经营的目标之一。例如，苹果公司近年致力于实现供应链 100% 使用可再生能源，通过产品设计和制造流程的能源效益提升，以降低碳足迹。同时，苹果公司鼓励供应商也参与环境永续经营，并提供资源和支持，旨在于 2030 年前实现供应链的碳中和。

2. **循环经济**：企业可通过循环经济模式，最大限度地减少资源消耗和废弃物产生。例如，耐克（Nike）公司推出了 Move to Zero 计划，致力实现生产运动产品过程中的“零碳排和零废弃”。他们投入大量资源研发可回收的球鞋材料，并使用回收聚酯纤维制造产品，以实现资源的循环再利用。

3. **社会影响评估**：企业在发展数字科技时，应谨慎评估数字科技对社会和环境的影响。亚马逊（AWS）公司是一个应用“社会影响评估”的例子，该公司会评估新科技对社区的影响，特别是云端科技对于环境生态的友善度。这有助于确保科技发展的同时最小化对当地社区和环境的负面影响。

4. **绿色供应链及管理**：企业可以与上下游供应商共同合作，促进绿色供应链管理。例如，可口可乐公司实施可持续供应链管理计划，要求供应商使用可再生能源，以减少温室气体排放和资源浪费。他们也鼓励供应商实施可持续的农业和水资源管理方法，以维护环境的健康。

"码"上对话——AI战略顾问
智启转型新引擎
AI战略顾问
7X24小时在线答疑解惑，
智解转型实战难题。
数字商学院
在线云课堂，对话行业领袖。
"码"上对话
前瞻咨询台
读懂政策，
洞见行业未来。
经典案例集
实践指导，
收获转型经验。